Bibliografische Information der Deutschen Nationalbibliothek:

Die Deutsche Nationalbibliothek verzeichnet diese Publikation in der Deutschen Nationalbibliografie; detaillierte bibliografische Daten sind im Internet über http://dnb.d-nb.de abrufbar.

Impressum:

Copyright © 2016 Studylab

Ein Imprint der GRIN Verlag, Open Publishing GmbH

Druck und Bindung: Books on Demand GmbH, Norderstedt, Germany

Coverbild: ei8htz

Sebastian Stuhr

Anforderungen an Fachkräfte in der Kindheitspädagogik. Professionalisierung durch Akademisierung?

Zur Forderung nach einer stärkeren akademischen Fundierung

2015

Inhaltsverzeichnis

Einleitung

Die vorliegende Bachelorarbeit befasst sich mit der Professionalisierung von Fachkräften in den Handlungsfeldern der frühen Kindheitspädagogik. Thematische Teilaspekte sind dabei die unterschiedlichen Anforderungen, die aus der aktuellen Professionsdebatte heraus entstanden sind, die Überprüfung dieser Anforderungen auf ihre Umsetzung auf verschiedenen Ebenen sowie die Bedeutung der Professionsdebatte und der Anforderungen im Hinblick auf den zukünftigen Umgang damit. Ein weiterer thematischer Aspekt ist die Professionalisierung mittels Akademisierung und der daraus möglichen, resultierenden Chancen für die Handlungsfelder, in denen sich frühe Kindheitspädagogik praktisch und disziplinär vollzieht. Daraus ergibt sich die Frage nach einer „Professionalisierung durch Akademisierung? – Debatte um eine Professionalisierung des frühen kindheitspädagogischen Handlungsfeldes unter Berücksichtigung der Anforderungen nach einen stärkeren akademischen Fundierung." Dies stellt die Kernfrage der vorliegenden Bachelorarbeit dar. Damit verbunden ist die Frage nach den Auswirkungen der Professionsdebatte, die Frage, wie den Anforderungen aufseiten der Handlungsfelder begegnet wird, sowie welchen Gewinn eine Akademisierung für die Handlungsfelder mit sich bringt. Ausgegangen wird dabei von der Hypothese, dass sich ein positiver Zusammenhang feststellen lässt zwischen einer formal höher qualifizierten Fachkraft und einer qualitativ höherwertigen pädagogischen Arbeit im Vergleich zu Fachkräften mit einem formal niedrigeren Qualifikationsniveau. Ziel der Bachelorarbeit ist es, die Dynamik und Gründe der Professionsdebatte aufzuzeigen und die daraus resultierenden Anforderungen abzubilden. Des Weiteren soll die Professionsforschung und ein Verständnis über diese ein Thema sein. Verschiedene Studien sollen dabei einen empirischen Einblick ermöglichen. Weitere Ziele sind es, mittels der Studien zu überprüfen, inwieweit die Anforderungen umgesetzt werden. Abschließend sollen Perspektiven für die Zukunft herausgearbeitet werden.

An dieser Stelle sei darauf hingewiesen, dass die Bachelorarbeit keinen Anspruch auf eine vollständige Abbildung der Thematik erhebt. Im Gegenteil würde dies zum einen den Rahmen und die Möglichkeiten einer Bachelorarbeit bei Weitem übersteigen, zum anderen lässt sich bei der zu behandelnden Thematik eine hohe Komplexität, Dynamik und Aktualität feststellen, sodass auch hier die Möglichkeiten eingeschränkt sind, diese vollständig zu erfassen. Die Professionsdebatte und die aktuelle Veränderung aufseiten der Handlungsfelder sind dabei vielerorts beobachtbar, jedoch sind diese zum Teil auf Unterschiedliche Aspekte hin ausgerichtet. So umfasst die Professionsdebatte Aspekte, beispielsweise den quantitativen Ausbau der Kindertagesstätten und den Rechtsanspruch auf einen Betreuungsplatz, die diese mit beeinflusst haben, im Folgenden jedoch nicht aufgegriffen werden (können). Des Weiteren kann nicht auf die vielseitigen Forschungsergebnisse eingegangen werden. Daher sei auch hier nur ein Einblick gegeben. Auch im Hinblick auf die Bedeutung der Professionsdebatte für die Politik und Wirtschaft muss auf andere Literatur verwiesen werden. Letztlich finden sich in der einschlägigen Literatur Aspekte wie beispielsweise die Frage, ob im Zusammenhang mit der Kindheitspädagogik überhaupt von einer Profession gesprochen werden kann, die thematisch mit dieser Bachelorarbeit übereinstimmen, hier jedoch nicht aufgegriffen werden.

Im Folgenden seien daher einmal die Inhalte der Bachelorarbeit dargestellt. Im *ersten Abschnitt* wird auf die aktuelle Professionsdebatte eingegangen. Sie erhält dabei eine geschichtliche Einordnung, es wird auf das Ausbildungsniveau der Erzieher_innen im Internationalen Vergleich eingegangen, auf ihren Kontext zu PISA und den Bologna-Prozessen und abschließend auf die veränderten Erwartungen und neuen Anforderungen an die Fachkräfte. Im *zweiten Abschnitt* wird die Professionsforschung behandelt. Es finden sich begriffliche Definitionen von „Profession", „Professionalität" und der „Kindheitspädagogik". Abschließend wird auf den Stand der Forschung eingegangen. Im *dritten Abschnitt* folgt eine Betrachtung verschiedener Studien, Gutachten und Untersuchungen. Eingegangen wird dabei auf die Professionalisierung der frühen Kindheitspädagogik, den Wandel des Berufsbilds und den Vergleich verschiedener Qualifikationsmöglichkeiten, die Akzeptanz und den Bedarf von kindheitspädagogischen Studiengängen auf dem Arbeitsmarkt, den Bedarf an berufsbegleitenden Studiengängen sowie auf die berufliche Weiterbildung. Im *vierten Abschnitt* werden abschließend Zukunftsperspektiven herausgearbeitet. Der Schwerpunkt liegt dabei auf der Ausbildungsebene, den zukünftigen Anforderungen an die Disziplin Kindheitspädagogik, auf dem Handlungsbedarf auf institutioneller Ebene und auf die Anforderungen an die Politik sowie das Qualitätsmonitoring.

1. Zur Professionsdebatte von kindheitspädagogischen Handlungsfeldern

Um die Professionsdebatte im kindheitspädagogischen Handlungsfeld und die Tragweite ihrer aktuellen Dynamik zu verstehen, ist es notwendig, die Geschichte der Kindheitspädagogik und der öffentlichen Kindertagesbetreuung in Deutschland kurz zu erläutern.

1.1 Historische Entwicklung eines veränderten Bildungsverständnisses

Die Einrichtungen der öffentlichen Kindertagesbetreuung wurden nicht immer als Einrichtungen mit einem Bildungsauftrag verstanden. Vielmehr hatten diese Einrichtungen und vor allem die Bildungsarbeit gesellschaftlich einen geringen Status und wurden im öffentlichen Bild eher als Betreuungseinrichtungen wahrgenommen, für die es keiner besonderen und vor allem keiner hohen Ausbildung bedarf (vgl. DILLER/RAUSCHENBACH 2006, S. 8). Hinsichtlich dieser Wahrnehmung vollzog sich im letzten Jahrzehnt jedoch ein deutlicher Wandel. Die Förderung von schulischen Vorläuferfähigkeiten rückte dabei stärker in den Blick der Öffentlichkeit (vgl. VBW 2012b, S. 7). Ein Verständnis der Einrichtungen als wichtige Orte der frühkindlichen Förderung und erste Institution des Bildungssystems stellt sich ein. Diese Forderungen symbolisieren, in der Geschichte der Kindertagesbetreuung jedoch keinen neuen Standpunkt. Schon Fröbel betonte die Bedeutung der Kindertageseinrichtungen als Ort der frühen Bildung und deren Bedeutung für die kindliche Entwicklung (vgl. REYER 2006, S. 66). Die Ansprüche Fröbels, mehr Augenmerk auf die Förderung der Kinder als auf die Betreuung zu richten, konnte sich jedoch nicht im allgemeinen Verständnis von Kindertageseinrichtungen intrigieren. Dabei definierte auch der deutsche Bildungsrat 1970 die Kindertageseinrichtungen als elementare Stufe des Bildungssystems (vgl. SCHLATTMANN/TIETZE 2008, S. 27). Schwerpunktbereiche des (aktuellen) Bildungsauftrags liegen vor allem in der frühen Förderung individueller Kompetenzen, der Unterstützung des kindlichen Drangs, die Welt zu erkunden, der Werterziehung sowie dem Auftrag, Kindern das Lernen zu lehren (vgl. JMK/KMK 2004, S. 2). Dabei wird erwartet die Kinder optimal in ihrer Entwicklung und Bildung zu fördern sowie Benachteiligung zu verringern. Frühpädagogische Einrichtungen haben sich zu einem zentralen Bestandteil der Gesellschaft entwickelt. Im Hinblick auf das Heranwachsen der Kinder nehmen sie eine nicht zu unterschätzende Rolle ein. Ob die Kinder zukünftigen Herausforderungen angemessen begegnen können, hängt entscheidend mit ihrer Erziehung und Bildung zusammen. Der Rolle der pädagogischen

Fachkraft kommt dabei eine wichtige Bedeutung zu (vgl. POLLERT 2010, S. 12). Die pädagogische Qualität in den Einrichtungen erhält dabei zunehmend die Aufmerksamkeit der Öffentlichkeit. Dabei lassen sich die veränderten Bildungsansprüche nicht losgelöst von der Qualifizierung der Fachkräfte betrachten (vgl. RAUSCHENBACH 2006, S. 27).

1.2 Frühere Professionsversuche und internationale Einflüsse

Neben einem veränderten Bild der öffentlichen Kindertagesbetreuung stellt das Qualifikationsniveau der pädagogischen Fachkräfte ein wichtiges Argument innerhalb der Debatte um eine Professionalisierung der kindheitspädagogischen Handlungsfelder dar. Die aktuelle Debatte um eine Professionalisierung ist dabei nur eine von vielen Professionalisierungsbemühungen im geschichtlichen Verlauf, wohl aber die wirkungsvollste. Schon in den 1970er-Jahren stellte sich die Frage, ob es sich bei der Sozialen Arbeit um einen Beruf oder eine Profession handelt. Folge war die Etablierung Sozialpädagogischer Studiengänge an den Universitäten. Ziel der damaligen Professionsdebatte war es das Berufsniveau auf Professionsebene anzuheben und damit das gesellschaftliche Ansehen zu steigern (vgl. SPIEGEL v. 2008, S. 49). Die Bildungsreform der 1960er- und 1970er-Jahre schaffte es dabei jedoch nicht, die Ausbildung im Niveau so weit anzuheben, dass sie anderen Ausbildungen im deutschen oder europäischen Bildungssystem gleichgestellt wäre (vgl. KARSTENS 2005, S. 114). Die letzten Bemühungen um eine Professionalisierung der Erzieher_innen-Ausbildung lassen sich in den 1990er-Jahren verorten. Die Bemühungen waren jedoch vergebens und scheiterten auf Ebene der Kultusministerkonferenz. Erschwert wurde eine Professionalisierung auch durch Skepsis aus der Fachwelt und Fragen nach der Finanzierung sowie die Kritik an einem Ausschluss für Personen ohne Hochschulreife (vgl. DILLER/RAUSCHENBACH 2006, S. 8). Somit war die Qualifizierung der Erzieher_innen auf Fachschulniveau bzw. der Assistenzberufe auf Berufsfachschulniveau das Maximum, was zu Beginn der Jahrtausendwende innerhalb Deutschlands möglich war (vgl. DILLER/RAUSCHENBACH 2006, S. 8). *International* betrachtet befindet sich Deutschland dabei auf einem der letzten Plätze im Hinblick auf die Qualifizierung der Fachkräfte. Kritisiert werden vor allem das geringe Niveau und die niedrigen Zugangsvoraussetzungen auf Ebene der fachschulischen Qualifizierung. Diskutiert werden auch methodisch-didaktische Veränderungen (vgl. DERSCHAU, v./THIERSCH 1999, S. 13). Meist ist eine akademische Ausbildung Standard. An dieser Stelle bedarf es jedoch einer genaueren Betrachtung. So ist der Anteil akademisch qualifizierter Fachkräfte in Deutschland, innerhalb der Kindertageseinrichtungen vergleichsweise gering, mit der Erzieher_innen-Ausbildung auf Fachschulniveau und dem hohen Anteil an Erzieher_innen in den Einrichtungen lässt sich jedoch ein hohes formales Niveau feststellen. Der Anteil von Akademiker_innen in anderen europäischen Ländern oder im anglo-amerikanischen Raum liegt zwar deutlich über dem in Deutschland, im Kontrast dazu weisen die anderen Fachkräfte in den Einrichtungen jedoch ein formal sehr niedriges bzw. kein Qualifikationsniveau vor (vgl. RUDOLPH 2012, S. 12). Es lassen sich jedoch weitere Unterschiede feststellen. So liegt der theoretische Anteil der Ausbildung in Deutschland mit durchschnittlich zwei Jahren deutlich unter dem europäischen Durchschnitt. Vonseiten der OECD (Organisation for Economic Cooperation and Development) wird auch kritisiert, dass es in Deutschland keine länderübergreifenden Rahmenvereinbarung über Ausbildungsinhalte und Qualitätsstandards gibt. Das Ergebnis ist eine sehr heterogene Qualifizierungslandschaft der Erzieher_innen. An dieser Stelle wurde jedoch im Jahr 2004 gehandelt. So wurde auf der Jugend- und Kultusministerkonferenz der „Gemeinsame Rahmen der Länder für die frühe Bildung in Kindertageseinrichtungen" entwickelt (vgl. POLLERT 2010, S. 65).

Auf der anderen Seite lässt sich auch *Zuspruch* feststellen. So werden der hohe Praxisanteil, das in einigen Bundesländern bestehende Anerkennungsjahr und die Trias von Betreuung, Bildung und Erziehung als Stärken des deutschen Systems gesehen (vgl. OBERHUEMER/ULRICH/SOLTENDIECK 1999, S. 74). Weiter sei hier die Kritik an der Didaktik innerhalb der Erzieher_innen-Ausbildung zu nennen. Bezogen wird diese vor allem darauf, dass ein hoher Anteil der Lehrkräfte an den Fachschulen selbst kein Lehramtsstudium absolviert hat und oft aus der Praxis kommt. Das verspricht zwar eine große Nähe zur Praxis und erhöht die Transferchancen des gelernten Wissens – jedoch auf Kosten didaktischer Kompetenzen. Der hohe Praxisanteil und die Bedeutung der Persönlichkeitsbildung der zukünftigen Fachkräfte eröffnen den Raum für Fragen im Hinblick auf die Menge des inhaltlichen und forschungsbezogenen Anteils innerhalb der Ausbildung (vgl. POLLERT 2010, S. 63). Mit der Diskussion um die Professionalisierung steht daher verstärkt der Ruf nach einer Akademisierung im Raum, wovon man sich einen Kompetenzgewinn aufseiten der Fachkräfte und eine höhere Qualität der Arbeit verspricht (vgl. LEU/KALICKI 2014, S. 192 u. 195). Es zeigt sich also, dass die aktuelle Professionalisierungsdebatte keinen Einzelfall darstellt und Professionalisierungsbemühungen in der Pädagogik eine gewisse Tradition haben.

1.3 Die Bedeutung von PISA und Bologna für die Professionalisierung

Die Professionalisierung, die Ende der 1990er-Jahre ihr vorläufiges Ende zu haben schien, erlebte dank PISA und der anschließenden Debatten um die Ergebnisse einen neuen Aufschwung. Das veränderte Bild der Kindertageseinrichtung als Bildungseinrichtung hängt dabei entscheidend mit diesem Ereignis zusammen Die Bologna-Prozesse wenig später ermöglichten es der Kindheitspädagogik sich an den Universitäten zu etablieren. Im Folgenden wird die Bedeutung beider Ereignisse im Hinblick auf die Professionalisierung der Fachkräfte dargestellt.

Anfang des 21. Jahrhunderts fand das Thema der frühen Bildung, Betreuung und Erziehung in vielen europäischen Ländern seinen Platz weit oben auf der politischen Tagesordnung. Der Grund dafür war die-PISA Untersuchung (Programme for International Student Assessment) der OECD und das schlechte Abschneiden einiger Länder (vgl. BMFSFJ 2003, S. 13). Dabei zeigte sich im Vergleich in Deutschland (hier bezogen auf die alten Bundesländer) ein Rückstand von bis zu 15 Jahren. In Ländern, in denen sich eine hohe Qualität in allen Bereichen des Bildungssystems feststellen lässt, schneiden Kinder im Hinblick auf ihre Schulleistungen und ihr Sozialverhalten deutlich besser ab (vgl. BMFSFJ 2003, S. 2). Die Ergebnisse von PISA erschütterten das bis dato gute Bild der Leistung und Qualität des Schul- und Bildungssystems in Deutschland. Alle Ebenen, von der Öffentlichkeit bis in die Politik, sahen sich mit einem „[...]Bildungsnotstand[...]" (REYER 2006, S. 213) konfrontiert. Auch wenn PISA selbst keine Untersuchungen über die Qualität von Kindertageseinrichtungen erhob, führten die Ergebnisse zu einer Diskussion um ihre Qualität sowie um die Bedeutung der frühe Bildung (vgl. REYER 2006, S. 213). Die Aufgabe einer allgemeinen Bildung kann dabei nicht nur den Schulen übertragen werden (vgl. TENORTH 2008, S. 373). Diese Erkenntnisse waren es, die eine Veränderung und Professionalisierung in kindheitspädagogischen Handlungsfeldern ermöglichten. Die Frage um das Qualifikationsniveau der (zukünftigen) Fachkräfte konnte dabei nicht unbeachtet bleiben. Forderungen, die Ausbildung der Fachkräfte gänzlich auf Ebene der Fachhochschulen und Universitäten anzusiedeln, sprich eine Voll-Akademisierung der Ausbildung, waren dabei schnell Teil der Professionsdebatte (vgl. STAMM 2010, S. 15).

Entscheidend für eine akademische Ausbildung waren neben PISA auch die Bologna-Prozesse. Diese Ereignisse waren es, die 2004 zur Gründung der ersten Bachelorstudiengänge der „Frühpädagogik" bzw. „der Bildung und Erziehung in der frühen Kindheit" führten (vgl. KIRSTEIN/FRÖHLICH-

GILDHOFF/HADERLEIN 2012, S. 7). Die Situation im Vorfeld (2003) war dabei die, dass in Deutschland lediglich fünf Lehramtsstudiengänge der Erziehungswissenschaft und vier einschlägige Studiengänge der Kindheitspädagogik existierten (vgl. WILDGRUBER/BECKER-STOLL 2011, S. 63).

> „Im Zuge der Diskussion über die Bedeutung frühkindlicher Bildung und Erziehung wurde die Anzahl an Studiengängen im Bereich der Frühpädagogik – und damit eng verknüpft die Anzahl entsprechender Professuren [...] deutlich ausgebaut." (ROßBACH/SECHTIG/SCHMIDT 2012, S. 464).

So haben sich in den darauffolgenden Jahren deutschlandweit etwa 60 Bachelorstudiengänge mit den oben genannten Schwerpunkten entwickelt. Z. T. sind diese berufsbegleitend (vgl. WELTZIEN 2010, S. 1). Ein vergleichbarer Zuwachs lässt sich in keinem anderen Bereich innerhalb der deutschen Hochschullandschaft verzeichnen (vgl. WILDGRUBER/BECKER-STOLL 2011, S. 64). Es waren diese beiden fachfremden Entwicklungen, die es ermöglichten, nicht mehr nur im theoretischen Sinne über eine Ausbildung der Fachkräfte auf universitärem Niveau nachzudenken (vgl. DILLER/RAUSCHENBACH 2006, S. 8).

1.4 Veränderte Erwartungen und neue Anforderungen an die Fachkräfte

Mit den im Vorfeld beschriebenen Entwicklungen ging ein verändertes Verständnis der pädagogischen Arbeit und der erwarteten Qualität einher. Darauf soll im Folgenden eingegangen werden, um das Wissen um die Professionsdebatte abzuschließen. Die neuen Erwartungen und Anforderungen an die Fachkräfte und Institutionen werden an späterer Stelle im Kontext der Ergebnisbetrachtung der Studien erneut aufgegriffen und auf ihre Umsetzung hin überprüft.

Das Anheben des Ausbildungsniveaus der Erzieher_innen und der Ausbau von Bachelorstudiengängen mit dem Schwerpunkt der frühkindlichen Bildung und Erziehung werden unter dem Begriff der Akademisierung zusammengefasst. Die aktuellen Entwicklungen und Prozesse sind dabei jedoch facettenreicher und umfassen mehr als dieser Begriff impliziert (vgl. RAUSCHENBACH 2006, S. 26). Zunächst soll dabei auf *gesellschaftliche Wandlungsprozesse* eingegangen werden. Kindertageseinrichtungen befinden sich heute in einer anderen gesellschaftlichen Struktur als noch vor wenigen Jahrzehnten. Veränderungen auf wirtschaftlicher Ebene und dem Arbeitsmarkt verändern die Ansprüche an pädagogische Fachkräfte. Ebenso lässt sich ein Wandel im Hinblick auf zunehmende Kinderlosigkeit, ein Anstieg der Kinderarmut und der damit verbundenen

Auswirkungen auf die kindliche Entwicklung beobachten. Hinzu kommt eine größere kulturelle Diversität und die Forderungen, Familie und Beruf besser vereinbaren zu können (vgl. BMFSFJ 2003, S. 6). Von den Fachkräften wird zunehmend ein Umgang mit diesen Situationen gefordert. Hinzu kommt die Arbeit mit Kindern verschiedener Altersgruppen beispielsweise in altersgemischten Gruppen oder im Rahmen gruppenübergreifender Arbeit. Dies stellt die Fachkräfte vor neue Herausforderungen, ebenso wie die individuelle und gezielte Förderung einzelner Kinder und die Forderung nach einem stärkeren Einbezug der Herkunftsfamilie in Form von Elternbildungsangeboten und -beratung (vgl. POLLERT 2010, S. 16). Mit der Debatte um eine Professionalisierung kindheitspädagogischer Handlungsfelder steht dabei auch die Erwartung nach einer höheren gesellschaftlichen Anerkennung, vor allem seitens der Fachpolitik und der Professionellen, im Raum. Eine Aufwertung des beruflichen Status kann jedoch nicht Ziel der Debatte sein. Es geht darum, die Qualität der frühen Bildung, Betreuung und Erziehung der Kinder entscheidend und nachhaltig zu verbessern. Im Hinblick auf die Ergebnisse der PISA-Untersuchung stellt gerade die soziale Integration von Kindern und Familien, vor allem bei einem bestehenden Migrationshintergrund oder einer Benachteiligung, eine wichtige Anforderung dar. Es gilt die Startchancen der Kinder zu verbessern und Unterschiede zu reduzieren (vgl. POLLERT 2010, S. 11). „Die PISA-Studie zeigte [...], dass in keinem anderen Industriestaat der Bildungserfolg [...] so stark von der sozialen Herkunft der Eltern abhängt wie in Deutschland." (POLLERT 2010, S. 15) Dabei stellt die frühe Sprachförderung eine wichtige Anforderung an die (zukünftigen) Fachkräfte dar (vgl. TENORTH 2008, S. 9). Auch die UN-Kinderrechtskonvention betont die Bedeutung von Bildung, um sozialer Ausgrenzung zu begegnen und weist dabei auf die Bedeutung der Frühpädagogik hin (vgl. STAMM 2010, S. 21).

Die besondere *Bedeutung der Bildung und das veränderte Verständnis der Kindertageseinrichtungen als Bildungseinrichtungen* sind dabei innerhalb der Professionsdebatte wichtige Argumente für eine höhere Qualifizierung der Fachkräfte. In der Kritik stehen dabei neben der Erzieher_innen-Ausbildung vor allem auch die Assistenzberufe wegen ihren formal niedrigen Ausbildungsniveaus auf Ebene der Berufsfachschulen. So wird eine Einstellung der Ausbildung gefordert (vgl. RAUSCHNEBACH 2006, S. 303). Um dem veränderten Verständnis um die frühe Bildung begegnen zu können, entstanden ab 2004 auf der Grundlage des „Gemeinsame Rahmen der Länder für die frühe Bildung in Kindertageseinrichtungen" speziell Bildungs- und Orientierungspläne für die Arbeit in kindheitspädagogischen Handlungsfeldern. Dabei wurde neben einer Förderung der individuellen Persönlichkeit vor allem die Bedeutung von naturwissenschaftlichen, sprachlichen und mathematischen Kompetenzen betont (vgl. VBW 2012, S. 19). Im Kern umfasst die Forderung nach mehr Bildungsarbeit in Kindertageseinrichtungen mehr schulähnliches Lernen und mehr kognitive Bildung. Weiter sollte die Ausbildung der Fachkräfte stärker an dem Bildungsgedanken der Schulen ausgerichtet und stärker akademisiert sein (vgl. RAUSCHENBACH 2006, S. 15). Dabei sollen die Fachkräfte in der Lage sein, die Bildungs- und Orientierungspläne in den Kindertageseinrichtungen umzusetzen, entsprechende Lernprozesse bei den Kindern zu begleiten und diese zu reflektieren und dokumentieren (vgl. Schelle 2011, S. 8). Um den beschriebenen Anforderungen gerecht zu werden, wird gefordert, die *Ausbildung auf universitäres Niveau anzuheben,* um den Anforderungen zu begegnen. Die gezielte Sprachförderung, vor allem bei Kindern mit Migrationshintergrund, ist dabei beispielhaft als Anforderung zu nennen, deren Umsetzung einer akademischen Ausbildung bedarf (vgl. VBW 2012, S. 15 u. 17). Dabei sollte jedoch beachtet werden, dass höhere Zugangsvoraussetzungen, in diesem Fall die allgemeine Hochschulreife, nicht zwangsläufig den Effekt einer besseren Qualität in der pädagogischen Arbeit mit sich bringen (vgl. DIÖZESAN-CARITASVERBAND 2004, S. 27). Vermehrt wird von den Fachkräften jedoch gefordert, neueste wissenschaftliche Erkenntnisse reflexiv auf spezielle Situationen anzuwenden, was durch eine akademische Ausbildung möglich wäre. Auch die Erkenntnisse aus den benötigten Nachbardisziplinen wie der (Entwicklungs-)Psychologie, der Soziologie und der Bildungswissenschaft werden in der Regel an Universitäten vermittelt (vgl. POLLERT 2010, S. 16). Dabei lassen sich nicht nur im Hinblick auf fachliche Kompetenzen Argumente für eine Akademisierung anführen.

Auch *berufliche Veränderungen* sollen mit der Akademisierung einhergehen (vgl. ROßBACH/SECHTIG/SCHMIDT 2012, S. 464). So soll die Akademisierung zu einer besseren Bezahlung der Arbeit, einem höheren Anteil an männlichen Fachkräften und einem besseren Bild in der Öffentlichkeit führen. Weiter sollen die hohe Fluktuation im frühpädagogischen Handlungsfeld reduziert und neue Aufstiegschancen geschaffen werden. Mit einer Ansiedlung der Ausbildung an den Universitären wird es den Fachkräften ermöglicht, ihr Qualifikationsniveau theoretisch bis Professur zu erweitern. Aktuell bildet die Einrichtungsleitung dabei das Maximum der beruflichen Aufstiegschancen (vgl. RABE-KLEBERG 2006, S. 94). Ein letztes Argument für eine akademische Ausbildung stellt die Kritik an der Erzieher_innen-Ausbildung als Breitbandausbildung dar. So ist der Anteil der Frühpädagogik nur ein Aspekt neben weiteren innerhalb der Ausbildung. Eine Akademisierung ermöglicht speziell ausgebildete Fachkräfte und damit Experten für den frühpädagogischen Bereich (vgl. SCHULTHEIS 2011, S. 380f).

Neben veränderten fachlichen und beruflichen Anforderungen lassen sich auch unter dem *wirtschaftlichen Aspekt* veränderte Erwartungen an die Fachkräfte ausmachen. Aus dieser Perspektive betrachtet sind Kinder „[...] das wichtigste „Humanvermögen", damit unser Land in einer zunehmend globalisierten Welt bestehen kann." (BMFSFJ 2003, S. 6) Auch im Hinblick auf die Ausbildung der Fachkräfte soll eine Akademisierung dazu führen, dass die Absolvent_innen auf dem europäischen Markt wettbewerbsfähig bleiben (vgl. VBW 2012, S. 15). Weiter soll die Professionalisierung zu qualitativ hochwertigen Kindertageseinrichtungen führen, was eine bessere Vereinbarkeit von Familie und Beruf zur Folge hätte. Auswirkungen wären ein Anstieg der Erwerbstätigkeit der Eltern und damit eine Reduzierung der Kinderarmut. Auch verspricht man sich von einem Anstieg der Qualität der Kindertageseinrichtungen einen Anstieg in der Geburtenrate und damit einen Rückgang des demografischen Wandels (OECD 2006, S. 1). Bildungsökonomisch würde sich eine Investition in die frühe Bildung und Erziehung ebenfalls lohnen. Dabei geht man davon aus, dass jeder Euro der in die frühe Bildung und Erziehung investiert wird, der Gesellschaft im späteren Lebensverlauf des Kindes einen Gewinn von vier Euro einbringt (vgl. BMFSFJ 2003, S. 15).

2. Professionsforschung und ihre disziplinäre Verortung innerhalb der Kindheitspädagogik

Betrachtet man die Professionsforschung der kindheitspädagogischen Disziplin, wird deutlich, wie jung diese noch ist. Im Gegensatz zu anderen erziehungswissenschaftlichen Disziplinen kann man innerhalb der Kindheitspädagogik nicht auf eine lange Tradition zurückblicken. Im Gegenteil muss sie sich noch als eigenständige Disziplin etablieren. Im folgenden Abschnitt soll daher die frühe Kindheitspädagogik einmal näher dargestellt werden. Es folgt ein Überblick über wichtige Definitionen sowie eine Darstellung verschiedener Bereiche, in denen die Professionsforschung agiert, um im Anschluss auf die ihr gegenübergestellten Anforderungen einzugehen.

2.1 Definition „Profession" und „Professionalisierung"

Zu Beginn wird auf die Begriffe der „Profession" und der „Professionalisierung" eingegangen und diese werden erläutert. Der Begriff der „Profession" beschreibt dabei im Sinne der Professionsforschung das Personal innerhalb des Handlungsfeldes der frühen Kindheitspädagogik (vgl. CLOOS 2014, S. 103). Weiter meint der Begriff

> „[...] Berufe [...] die eng an die Person eines Klienten gebunden [sind] und für diesen hoch bedeutsame Probleme unter Beanspruchung eines wissenschaftlich fundierten, professionsspezifischen Problembearbeitungswissens fallbezogen bearbeiten. Dies setzt eine spezialisierte Ausbildung voraus [...]." (BOMMES/SCHERR 2012, S. 294).

Somit besitzt der Begriff der „Profession" zum einen eine personelle, zum anderen aber auch eine berufsspezifische Komponente. Das Verhältnis der Begriffe „Profession" und „Professionalisierung" besteht dabei darin, dass Professionalisierung einer Profession vorausgeht. So ist unter dem Begriff „Professionalisierung" ein Prozess zu verstehen

> „der Herausbildung einer bestimmten beruflichen Handlungsform in modernen Gesellschaften. Drei Dimensionen sind für diesen Vorgang konstitutiv: 1. Tätigkeiten werden verberuflicht, es bildet sich eine Gruppe von Berufsrollenträgern, die bestimmte Qualifikationsanforderungen erfüllen muss und in einer eigenen Organisationsform ein mehr oder weniger hohes Maß an Selbststeuerung erreicht. 2. Die berufliche Tätigkeit wird dann methodisiert, erfordert ein zunehmend differenziertes und schließlich wissenschaftliches Wissen. 3.

Professionen legitimieren sich mit einem spezifischen Wertbezug, d.h. das Selbsterhaltungsinteresse tritt hinter die Ethik einer universalistischen Orientierung bei der Bearbeitung zentraler gesellschaftlicher Problemlagen." (HAMBURGER 2008, S. 191).

Professionalisierung lässt sich somit als Prozess verstehen, an dessen Anfang eine Tätigkeit steht, welche im Verlauf, unter Berücksichtigung spezifischer Qualifikationsanforderungen, verberuflicht und methodisiert wird und für dessen Ausübung zunehmend wissenschaftlich fundiertes Wissen benötigt wird, um sich letztendlich der Bearbeitung gesellschaftlicher Problemstellungen zu widmen. Professionalisierung setzt dabei nicht zwangsweise eine Akademisierung voraus. Jedoch muss, um von einer gelungenen Professionalisierung sprechen zu können, ein Bezug bestehen zwischen Profession und Praxis auf der einen und Theorie und Disziplin auf der anderen Seite. Die Forderungen nach einer Akademisierung innerhalb der Professionalisierung erhoffen sich diesen Bezug und damit die Erfüllung aller drei oben beschriebenen Dimensionen. Demzufolge könnte man dann von einer kindheitspädagogischen Profession sprechen.

2.2 Zur Begrifflichkeit der „Kindheitspädagogik"

Den Begriff der Kindheitspädagogik gibt es seit einiger Zeit innerhalb der Professionsdebatte. Dem Begriff lassen sich dabei, abhängig von seiner Betrachtungsebene, verschiedene Bedeutungen zuordnen. Allgemein betrachtet lassen sich unter Kindheitspädagogik Ansätze innerhalb der frühen Bildung, Betreuung und Erziehung zusammenfassen, die neue Entwicklungen aufzugreifen, diese mitzugestalten und somit voranzubringen versuchen. Aus einer *Professionstheoretischen Sicht* betrachtet lässt sich dabei der Prozess verstehen, in dem die Kindheitspädagogik versucht sich innerhalb der Erziehungswissenschaft als eigenständige Disziplin zu etablieren. Bedeutend ist dieser Prozess vor allem im Kontext der Notwendigkeit von empirischer kindheitspädagogischer Professionsforschung in Bezug auf die Professionalisierung (vgl. BETZ/CLOOS 2014, S. 9). Nimmt man eine *Bildungspolitische Sichtweise* ein, so stehen mit der Kindheitspädagogik vor allem Maßnahmen der Umstrukturierung in Verbindung. Gemeint ist damit ein Ausbau der Kindheitspädagogik auf Ebene der Hochschulen und Universitäten und damit eine stärkere Verknüpfung von Profession und Disziplin, um somit dem geringen Theorie-Praxis-Transfer begegnen zu können. Damit vollzieht sich auch ein Ausbau der Forschungslandschaft (vgl. BETZ/CLOOS 2014, S. 9f). Betrachtet man die *Ebene der Praxis*, meint Kindheitspädagogik ein Handlungsfeld, welches mit einer immer größer werdenden Heterogenität verbunden wird. Kindheitspädagogik bezieht sich dabei, neben Kindern in der Alterspanne von ihrer Geburt bis hin zum zehnten Lebensjahr, auch auf den familiären Kontext. Abschließend lässt sich der Begriff noch bezogen auf sein *Forschungsfeld* betrachten. So meint der Begriff, wie auf Ebene der Praxis zu sehen ist, ein Forschungsfeld, welches das bereits bestehende Forschungsfeld der „frühen Kindheit" um eine breitere Alterspanne und den Aspekt der Familie ergänzt. Die Forschung im Hinblick auf die frühe Kindheit fokussiert sich dabei auf das Handlungsfeld der Kindertageseinrichtungen, sprich die Alterspanne von null bis sechs Jahren (vgl. BETZ/CLOOS 2014, S. 10).

2.3 Zum Stand der Professionsforschung

Wie eingangs beschrieben befindet sich die Professionsforschung der Kindheitspädagogik noch in ihrer Etablierungsphase. Deutlich wird dies auch daran, dass trotz ihrer Aktualität der Umfang der Publikationen und Forschungsergebnisse vergleichsweise gering ist (vgl. CLOOS 2014, S. 100). Dieses Defizit lässt sich dabei unter anderem auf die „Randständigkeit" der Kindheitspädagogik innerhalb der Erziehungswissenschaft und die damit einhergehende Vernachlässigung seitens der Forschung zurückführen. Dabei ist noch zu klären, was in disziplinärer Hinsicht unter der Kindheitspädagogik zu verstehen ist (vgl. Balluseck 2008, S. 240). Dies lässt sich zum einen auf die Dynamik und Aktualität der mit der Kindheitspädagogik verbundenen Debatte zurückführen, zum anderen auf die Frage, mit welchen Disziplinen die Kindheitspädagogik in Bezug zu setzen ist. Eine deutliche Ausrichtung an einer Disziplin lässt sich dabei jedoch noch nicht absehen. Somit muss die Kindheitspädagogik sich auf Interdisziplinäre Grundlagen beziehen, um sich allmählich zu charakterisieren und zu etablieren (vgl. BETZ/CLOOS 2014, S. 12 u. 14). Der gegenwärtige Stand der Forschung bezieht sich dabei vorrangig auf die Betrachtung der Professionellen beispielsweise in Form von berufsbiografischen Erhebungen. Weitere Forschungsfelder sind Erhebungen zur Arbeitsmarktsituation, Betrachtungen der Rahmenbedingung und ihre Auswirkung auf das pädagogische Handeln, Forschung im Hinblick auf die Trägerlandschaft sowie Statusforschung. Die Studien können dabei nach der Kompetenzforschung, der Erforschung aktueller Diskurse sowie der Erforschung des Wissens und Könnens der Professionellen klassifiziert werden (vgl. CLOOS 2014, S. 103f). Kritisiert wird jedoch, dass die Studien mit ihren Forschungsschwerpunkten eher beabsichtigen die Professionalisierung von Erzieher_innen und Kindheitspädagog_innen voranzubringen, was dazu führt, dass andere Aspekte wie beispielsweise Vergleiche zwischen den verschiedenen Berufsgruppen oder der Erforschung der pädagogischen Qualität vernachlässigt werden (vgl. CLOOS 2014, S. 110).

Mit der Debatte um eine Professionalisierung im Bereich der frühen Kindheitspädagogik und der sich langsam etablierenden Kindheitspädagogik als Disziplin gehen verschiedene Anforderungen und Aufgaben an die Forschungsgemeinschaft einher. Allgemein geht es darum, die Forschung auszubauen, um dem Bedarf einer empirisch gesicherten Professionalisierung gerecht zu werden (vgl. VBW 2012, S. 71).

Zusammenfassend ist eine Professionsforschung der Kindheitspädagogik als empirisch gestützte qualitative und quantitative Forschung im Hinblick auf die Professionellen in den Handlungsfeldern der Kindheitspädagogik mit Kindern der Altersgruppe von null bis zehn Jahren und ihrem familiären Kontext zu verstehen. Dem Begriff der Kindheitspädagogik fallen dabei je nach Betrachtungsebene unterschiedliche Bedeutungen zu. Die Kindheitspädagogik befindet sich dabei noch im Prozess ihrer disziplinären Etablierung und im Ausbau ihrer Forschungslandschaft. Interessengebiete der der kindheitspädagogischen Forschung sind dabei Berufsbiografische Aspekte, Arbeitsmarktsituation der Fachkräfte sowie strukturelle Rahmenbedingungen. Der Schwerpunkt der Forschung liegt auf dem Personal, sprich den Professionellen und ihrer Professionalisierung (vor allem die der Erzieher_innen). Dabei ist die Professionalisierung nicht gleichzusetzen mit einer Akademisierung, dies wird jedoch verstärkt gefordert.

3. Betrachtung der Forschungslandschaft – Studien und Ergebnisse kindheitspädagogischer Professionsforschung

Im folgenden Kapitel werden exemplarisch verschiedene Studien aus der kindheitspädagogischen Professionsforschung zusammengefasst und dargestellt. Dabei wird versucht, verschiedene Aspekte, wie das Qualifikationsniveau, die Qualifizierungsmöglichkeiten und die Weiterbildung der Fachkräfte, aufzugreifen. Ziel ist es, die oben genannten Erwartungen und Anforderungen mittels der Forschung zu betrachten und anschließend auf ihre Umsetzung hin zu überprüfen.

3.1 Aktionsrat Bildung – Zum Qualifikationsniveau der Professionellen

<u>Ausgangslage</u>: Das Gutachten „Professionalisierung in der Frühpädagogik" des Aktionsrat Bildung wurde 2012 von der Vereinigung der Bayrischen Wirtschaft e.V. (VBW) herausgegeben. Es befasst sich mit der Bedeutung des Qualifikationsniveaus sowie der Ausbildung pädagogischer Fachkräfte im Bereich der Frühpädagogik. Ausgangslage waren die veränderten Erwartungen an die öffentliche frühkindliche Bildung, Betreuung und Erziehung. Die Kindertageseinrichtungen, nun verstanden als primäres Organ der Bildungskette, können diesen Erwartungen nur durch eine hohe Qualität gerecht werden. Die Diskussion um eine Qualitätssteigerung wird dabei stark beeinflusst von der Idee einer Voll-Akademisierung. Um den heterogenen Zusammensetzungen der Kindergruppen, der Umsetzung der Bildungspläne sowie gelungenen Übergängen von Kindertageseinrichtungen zur Schule gerecht zu werden, bedarf es eines höheren Ausbildungsniveaus, welches nur von Hochschulen geleistet werden kann. Das Gutachten hat das Ziel einer kritischen Situationsanalyse der Ausbildungsniveaus im frühpädagogischen Bereich. Die Diskussion soll dabei versachlicht werden, um wissenschaftlich fundierte Empfehlungen zur Aus-, Fort-, und Weiterbildung geben zu können (vgl. vbw e.V. 2012, S. 15ff).

<u>Ergebnisse</u>: Der erste Teil des Gutachtens befasst sich damit, wie sich der Besuch und die Qualität einer frühpädagogischen Kindertageseinrichtung auf die kindliche Entwicklung auswirken kann. Wichtige Aspekte sind dabei auch die Kompetenzen und das Qualifikationsniveau der Fachkräfte (vgl. VBW 2012, S. 15f). Betrachtet man die Ergebnisse des Gutachtens zur *kindlichen Entwicklung*, zeigt sich, dass die Qualität der Einrichtung Einfluss hat auf sozial-emotionale Kompetenzen des Kindes. Eine hohe Qualität der pädagogischen Arbeit in den ersten Lebensjahren korreliert positiv mit einem geringeren Ausmaß an problematischen Verhaltensweisen im späteren Jugendalter (vgl. VBW 2012, S. 22).

Auch bei Kindern ab dem dritten Lebensjahr zeigen sich positive Einflüsse einer qualitativ hochwertigen pädagogischen Arbeit in sozial-emotionalen sowie kognitiv-leistungsbezogenen Bereichen. Besonders deutlich wurden diese Effekte bei einem kleinen Betreuungsschlüssel (Erzieher-Kind-Verhältnis) sowie einem hohen Ausbildungsniveau der Fachkräfte (in den verschiedenen Untersuchungen oftmals akademisch). Als Beispiel wäre hier das Projekt „Effective Pre-School and Primary School Education" (EPPE) aus England zu nennen (vgl. VBW 2012, S. 22f). Von Bedeutung ist somit nicht nur die Förderung der Kinder, sondern auch die Verbesserung der strukturellen Gegebenheiten in den Kindertageseinrichtungen (vgl. vbw e.V. 2012, S. 27). Das *Qualifikationsniveau* der Fachkräfte beachtend, verdeutlicht das Gutachten, dass der Großteil der Fachkräfte in Kindertageseinrichtungen (70,1 Prozent) über eine staatliche Anerkennung als Erzieher_in verfügt. Ein akademisches Qualifikationsniveau konnten im Jahr 2010 lediglich 3,5 Prozent der Fachkräfte vorweisen (vgl. VBW 2012, S. 27).

Zu den Einflüssen des Qualifikationsniveaus gibt es in Deutschland gegenwärtig noch keine Untersuchung, jedoch finden sich dazu auf internationaler Ebene Untersuchungen. So zeigte sich im EPPE Projekt ein deutlich positiver Zusammenhang zwischen dem Qualifikationsniveau der Fachkräfte und der Qualität der Einrichtung (vgl. VBW 2012, S. 28). „Je höher die Qualifikation des Personals, insbesondere der Leitungen, ist, desto höher ist die beobachtete Förderqualität in den Einrichtungen und desto größere Entwicklungsfortschritte machen die Kinder." (VBW 2012, S. 28). Akademisch ausgebildete Fachkräfte gaben den Kindern verstärkt Anreize zum nachhaltigen Denken und kognitiv anspruchsvolleren Aktivitäten als Fachkräfte mit formal niedrigerem Qualifikationsniveau. Weiter ließen sich ein positiver Effekt in Bezug auf Multiprofessionelle Teams beobachten. So profitierten formal niedriger ausgebildete Fachkräfte im Hinblick auf die pädagogische Arbeit, wenn sie mit höher qualifizierten Fachkräften zusammenarbeiten (vgl. VBW 2012, S. 28). Zwei Studien aus den USA widerlegten zudem die Befürchtung, dass akademisch ausgebildete Fachkräfte geringere empathische Kompetenzen mit sich bringen würden als ihre Kolleg_innen. Die Studien kamen zu dem Ergebnis, dass Fachkräfte mit einem Bachelorabschluss im Bereich der Frühpädagogik ein höheres Maß an Feingefühl im Umgang mit den Kindern zeigten (vgl. VBW 2012, S 28f). Eine Metastudie von KEELY und CAMILLI 2007 kam zu dem Ergebnis, dass eine höhere Ausbildung positive Auswirkungen auf die Förderqualität in der Einrichtung sowie die kindliche Entwicklung mit sich bringt. Ein positiver Einfluss auf die Förderung von mathematischen Fähigkeiten stellte auch EARLY in einer Studie fest (vgl. VBW 2012, S. 29).

Im zweiten Teil befasst sich das Gutachten mit der *Ausbildungsebene*. Zum Zeitpunkt der Erhebung setzte sich das Personal in Kindertageseinrichtungen in Deutschland aus einer heterogenen Menge an Qualifikationsprofilen zusammen. Den größten Anteil daran haben die Erzieher_innen mit 70,1 Prozent, gefolgt von den Assistenzberufen mit 14,4 Prozent. Der Anteil der Akademiker_innen betrug 2,9 Prozent. Der restliche Anteil setzt sich aus anderen Qualifikationsprofilen wie Heilerzieher_innen oder Therapeut_innen zusammen, sowie Personal, welches ohne berufliche Qualifikation in den Einrichtungen tätig ist. Trotz Bemühungen um eine Akademisierung stieg der Anteil der Hochschulabsolvent_innen im Zeitraum von 2002 bis 2010 lediglich um 1,3 Prozent. Akademisierungsprozesse vollzogen sich dabei vor allem auf Leitungsebene. Hinzu kommt ein hohes Interesse an berufsbegleitenden Studiengängen der frühen Kindheit (vgl. VBW 2012, S. 34f). Zu bedenken ist dabei jedoch, das über 70 Prozent des Personals mindestens eine Qualifikation auf Fachschulniveau nachweisen kann. Somit befindet sich das Qualifikationsniveau in deutschen Kindertageseinrichtungen formal auf einem hohen Niveau. Einen vergleichsweise hohen Anteil findet man dabei weder in den USA noch im europäischen Raum. Zwar finden sich in diesen Ländern mehr akademisch qualifizierte Fachkräfte in den Einrichtungen, der andere Teil des Personals verfügt jedoch lediglich über eine Qualifikation auf niedrigem Niveau oder über keine einschlägige Qualifikation. Üblich ist es daher, multiprofessionelle Teams zu bilden (vgl. VBW 2012, S. 44f). Zur Zukunft der Qualifikationsmöglichkeiten in Deutschland wird vonseiten der Einrichtungen und Politik daher dafür plädiert, die Erzieher_innen-Ausbildung in ihrer Breite beizubehalten und mit den Qualifikationsmöglichkeiten auf Hochschulniveau Raum zu schaffen für tiefer gehendes Wissen und Spezialisierung (vgl. VBW 2012, S. 50ff).

3.2 Rudolph – Professionalisierung und Akademisierung aus Sicht der Fachschulen

Ausgangslage: Die Studie *Das Berufsbild von Erzieherinnen und Erziehern im Wandel – Zukunftsperspektiven zur Ausbildung aus Sicht der Fachschulleitungen* wurde von Brigitte Rudolph im Auftrag der Weiterbildungsinitiative Frühpädagogische Fachkräfte (WIFF) im Jahr 2009 durchgeführt. Ausgangslage der Studie waren die Veränderungen im Ausbildungssystem frühpädagogischer Fachkräfte innerhalb der letzten Jahre. Durch das Aufkommen und den verstärkten Ausbau akademischer Qualifizierungsmöglichkeiten für den frühkindlichen Bereich stellte sich vermehrt die Frage nach den Stärken und Schwächen einer Qualifikation auf Fachschulniveau. Die dazu bisher wenigen empirisch gestützten Erkenntnisse gaben Anlass zu dieser Studie. Sie zielte darauf ab, wesentliche Kennzeichen und Probleme der fachschulischen Ausbildung zu erforschen. Von Bedeutung sind dabei vor allem Aspekte wie die Lage und Zukunft der Ausbildung im Hinblick auf die wachsenden Ansprüche an das Fachpersonal, die Anschlussfähigkeit an das System Hochschule sowie die Bedeutung der Weiterbildung von Fachkräften. Des Weiteren stellt sich die Frage, ob ein Bachelorstudium nicht eine bessere Qualifikation für den Bereich der Frühpädagogik ist als eine fachschulische Ausbildung, betrachtet man die bildungspolitischen Anforderungen. Bedeutender wird diese Frage, wenn man bedenkt, dass Fachschulen meist nur einen mittleren Bildungsabschluss als Zugangsbeschränkung voraussetzen (vgl. RUDOLPH 2012, S. 5).

Erhebungsdesign: Die Datenerhebung erfolgte in Form von Interviews die an Fachschulen geführt wurden. Die Gesamtheit besteht dabei aus allen Fachschulen in Deutschland. Sie umfasst nach Recherchen der WIFF 423 Fachschulen zur Qualifizierung für Erzieher_innen. Aus dieser Gesamtheit wurden dann 80 Fachschulen, geschichtet nach Ländern und Trägern, zufällig ausgewählt. Diese Auswahl entspricht pro Land einem Durchschnitt von etwa 20 Prozent der Fachschulen. Die Befragungszielgruppe setzte sich dabei zusammen aus Schulleitungen (35 Befragte), Abteilungsleitungen (32 Befragte) und Lehrkräfte (12 Befragte). Bei den Interviews handelte es sich um standardisierte leitfadengestützte Einzelinterviews, die auf Wunsch jedoch auch als Gruppeninterviews durchgeführt wurden. Die durchschnittliche Dauer betrug zwischen 45 und 60 Minuten. Aufgrund fehlender Daten zu einem Interview umfasst der Datensatz jedoch nur 79 auswertbare Interviews. Erhoben wurden diese im Zeitraum von Juli bis November 2009. (vgl. RUDOLPH 2012, S. 8)

3.2.1 Das Berufsbild im Kontext der Bildungsanforderungen

Zu Beginn der Ergebnisdarstellung sei noch einmal auf die veränderten gesellschaftlichen Ansprüche an die Mitarbeiter_innen in Kindertageseinrichtungen hingewiesen. Unter Berücksichtigung dieser Anforderungen ist es nachvollziehbar, dass die Debatte um die Professionalisierung im frühpädagogischen Bereich Einfluss auf das Berufsbild von Erzieher_innen nimmt. Die veränderten Ansprüche, gerade an die *Bildungsarbeit in Kindertageseinrichtungen,* spiegeln sich unterschiedlich in den Meinungen der Befragten wider. Der Großteil äußert sich dabei positiv zu dieser Entwicklung. Bildungsarbeit in Kindertageseinrichtungen sei keine neue Erscheinung, sondern schon immer Teil des pädagogischen Auftrags. (vgl. RUDOLPH 2012, S. 16) Bemerkenswert ist jedoch, dass ein Teil der Befragten die Tendenz, verstärkt auf die Bildung der Kinder zu achten, als Paradigmenwechsel versteht. So scheint der Bildungsauftrag der Kindertageseinrichtungen für diesen Teil der Befragten neu zu sein wie sich im folgenden Zitat zeigt.

> „Der ganze Bildungsbereich ist [...] neu für die Fachkräfte [...], also die Kita nicht nur als Betreuung sondern auch als Bildungsstätte zu verstehen. Aber da orientieren sich grad` die Fachschulen auch um. Das sind Bereiche, die zunehmend auch in der Ausbildung vorkommen." (RUDOLPH 2012, S. 16).

Allgemeiner erfordern die Gesellschaftlichen Entwicklungen nach Aussagen der Schulleitungen „eine Erweiterung des Qualifikationsprofils pädagogischer Fachkräfte" (RUDOLPH 2012, S. 17). So ermöglicht die Qualifikation den Erzieher_innen zwar ein breites Handlungsspektrum, die Ausbildung von Leitungskräften sei dabei jedoch nicht ausreichend berücksichtigt. Es sind jedoch genau diese Positionen, die nach Meinung der Befragten ein Mehr an Spezialwissen benötigen. Auch vermittle die Ausbildung nicht genügend Fertigkeiten im Hinblick auf wissenschaftliches Arbeiten, was jedoch relevant wäre für die Schüler_innen, die eine akademische Weiterbildung in Betracht ziehen. Weitere Bedenken äußern die Schulleitungen, wenn es um den Bereich der Sprachförderung geht. Diese beziehen sich auf zum Teil mangelnde Deutschkenntnisse und wenig Abstraktionsvermögen bei den Schüler_innen. Zusammenfassend besteht nach Meinung der Befragten, unter Berücksichtigung der steigenden Erwartungen an die zukünftigen Erzieher_innen, noch Verbesserungsbedarf innerhalb der fachschulischen Ausbildungsmöglichkeiten. Daraus lässt sich auf einen großen Fort- und Weiterbildungsbedarf schließen (vgl. RUDOLPH 2012, S. 20).

3.2.2 Vergleich zwischen Fachschulen und Hochschulen

Der folgende Teil befasst sich mit der *Akademisierungsfrage* und der Frage nach der zukünftigen Verortung der Qualifikation der Erzieher_innen. Damit in Verbindung steht die Überlegung, ob sich die in den letzten Jahren entwickelnden kindheitspädagogischen Studiengänge nicht besser für eine Qualifizierung der Fachkräfte eignen als die bisherige Qualifizierung der Erzieher_innen auf Fachschulniveau. Ein Teil der Befragten vertritt dabei eine positive Einstellung zur

Akademisierung, während auf der anderen Seite eine eher zurückhaltende Einstellung besteht.

Die Nachteile einer akademischen Ausbildung werden dabei hauptsächlich in drei Bereichen gesehen. Zum ein befürchten die Befragten eine zu große *Einschränkung des beruflichen Handlungsspektrums*. Ein Vorteil der fachschulischen Qualifizierung wird dabei im Hinblick auf breite zukünftige Handlungsfelder gesehen. Ein Studium mit einem engen Fokus auf die Kindheitspädagogik könne damit nicht mithalten und sei für viele Anwärter_innen daher nicht attraktiv. Auch würde die Fachschule bewusst gewählt, da man sich von ihr eine größere Nähe zur Praxis verspricht (vgl. RUDOLPH 2012, S. 29f). „Die Fachschülerinnen und Fachschüler argumentieren, man könne dann daran ein Studium gegebenenfalls noch anschließen" (RUDOLPH 2012, S. 26). Ein weiterer Nachteil in der akademischen Qualifikationsmöglichkeit wird in einer *theoretischen Überlagerung* gesehen. Die fachschulische Ausbildung zeichne sich unter anderem dadurch aus, dass die Persönlichkeitsentwicklung und die Entwicklung des Empathievermögens der Auszubildenden einen hohen Stellenwert besitzt. „Absolventinnen und Absolventen von Fachschulen seien im Bereich der Persönlichkeitsentwicklung und Methodenkompetenz den Sozialpädagogen, die von der Fachhochschule kommen, weit überlegen" (RUDOLPH 2012, S. 26). Weiter werden akademisch ausgebildeten Fachkräften vonseiten der Schulleitungen mangelnde empathische Fähigkeiten zugeschrieben. Die Gefahr, die hier von den Schulleitungen vermutet wird, ist die, dass Wissenschaft Empathie ersetzen soll. Sie befürchten, dass die Fachkräfte nach dem Studium nicht mehr in der Lage sind, sich in das Kind hineinzuversetzen und entsprechend zu agieren. Was sich hier zeigt, ist die Auffassung, dass eine formal höhere Qualifizierung der Erzieher_innen nicht mit empathischen Fähigkeiten vereinbar ist, ja, sich gegenseitig sogar auszuschließen scheint (vgl. RUDOLPH 2012, S. 26). Der größte Nachteil im Studium wird dabei jedoch in dem *geringen Praxisanteil und der mangelnden Begleitung* im Handlungsfeld gesehen. Die befragten Schulleitungen sehen an dieser Stelle eine große Überlegenheit der Fachschulen gegenüber den Hochschulen. „Unsere Praxis ist sehr viel stärker ausgebaut, sehr viel kompetenter, sehr viel qualifizierter. Erreicht höhere Qualifikationen als das, was an Hochschulen bisher möglich ist" (RUDOPLH 2012, S. 27) so ein Schulleiter aus Nordrhein-Westfalen (vgl. RUDOLPH 2012, S. 27).

Auf der anderen Seite erhält die akademische Ausbildung auch viel Zuspruch. Wichtig ist dabei die *Erfüllung des politischen Bildungsanspruchs*. Ein großer Vorteil der akademischen Ausbildung wird daher in besseren Förderungsmöglichkeiten für die Kinder gesehen, da die Studierenden ein formal höheres Niveau vorweisen. Dieses Niveau könne an Fachschulen auch im Hinblick auf die Zugangsvoraussetzungen nicht geboten werde. So weisen die Befragten darauf hin, dass zur Begleitung von Bildungsprozessen akademisch qualifizierte Fachkräfte besser geeignet seien, da die Schüler_innen der Fachschulen in den Bildungssektoren große Defizite aufweisen.

> „Die Entwicklung geht sicher zu Recht dahin [...] und selbst wenn das sicher eine große Veränderung unseres Berufskollegs [...] mit sich bringen würde, wenn ich auf die Klientel [...] schaue, nämlich die Kinder, die ja einen hohen Bildungsanspruch haben, dann glaube ich, das ist eine gute Möglichkeit" (RUDOLPH 2012, S. 27).

Die Meinung, die hier vertreten wird, würde bedeuten, dass die Ausbildung von Erzieher_innen schon aus gesellschaftspolitischen Gründen und aufgrund des hohen Aufgabenniveaus an Fachhochschulen angesiedelt sein müsste, da Fachschulen dieses Niveau nicht vermitteln können. Auch in anderen Bereichen, wie der musikalischen Förderung oder der Sprachförderung, gehen die Befragten davon aus, dass akademisch ausgebildete Fachkräfte den Ansprüchen besser gerecht werden können. Damit wird in der akademischen Qualifizierung die Möglichkeit gesehen eine *höhere gesellschaftliche Anerkennung* zu erlangen (vgl. RUDOLPH 2012, S. 28).

Im nächsten Schritt geht die Studie auf die Vor- und Nachteile einer Fachschulausbildung ein. Zunächst einmal zu den *Defiziten der Fachschulausbildung.* So betonen die Befragten, dass es letztlich, unabhängig vom Ausbildungsort, um die Vermittlung von theoretisch basierten Inhalten und den aktuellen Stand der Forschung geht. Dabei könne die Fachschule aktuell nicht mit der Hochschule konkurrieren, da die Hochschulen auf die Ausbildung wissenschaftlicher Urteilsfähigkeit abzielen, welche dann zu angemessener Handlungsfähigkeit führt, auch wenn für eine Situation diese Fähigkeit noch nicht vorliegt. Vielen der Befragten ist es wichtig, dass ihrer Schüler_innen in der Lage sind, sich mit komplexen wissenschaftlichen Inhalten zu befassen und Forschungsergebnisse verstehen und interpretieren können, um anschließend einen Bezug zur Praxis herzustellen. Dieses Wissen und die Bereitschaft dazu fehlt den Schüler_innen jedoch oft (vgl. RUDOLPH 2012, S. 30). Eine weiteres, oben schon angesprochenes Defizit sind *mangelnde Deutschkenntnisse und fehlendes Abstraktionsvermögen.* Diese Schüler_innen sind dabei durchaus geeignet für die pädagogische Arbeit, es bedarf jedoch einer großen Herausforderung, diese Schüler_innen auf das erwartete Niveau hin zu qualifizieren. So äußert sich ein Schuleiter folgendermaßen: „Bestimmte Dinge, die schon mitgebracht werden müssen, die können wir nicht mehr eins zu eins ausgleichen. [...]. Unsere Schüler insgesamt [...] sind nicht da, wo wir sie gerne hätten" (RUDOLPH 2012, S. 31). Die Frage, die sich stellt, ist, wie betreffende Schüler_innen künftig in der Lage sein sollen, adäquate Bildungsarbeit zu garantieren und durchzuführen. Als ein Grund werden dabei die zum Teil niedrigen Eingangsvoraussetzungen für eine Fachschulausbildung gesehen (vgl. RUDOLPH 2012, S. 32).

Den Defiziten gegenüber stehen die Vorteile einer fachschulischen Ausbildung. Die Befragten nennen dabei vorrangig die *Schulung des Reflexionsvermögens*. Sie betonen, dass die Fachschulen die Schüler_innen gezielt dabei unterstützen, eine professionelle und differenzierte soziale Wahrnehmung zu entwickeln. Diese Kompetenzen werden als Bedingung für eine hohe Professionalität im pädagogischen Alltagshandeln gesehen. Der zweite Vorteil ist die *enge Praxisanbindung,* die durch eine fachschulische Ausbildung ermöglicht wird. Diese enge Anbindung an die pädagogische Praxis kann derzeitig nicht von Hochschulen gewährleistet werden, und das weder qualitativ noch quantitativ. Es ist jedoch diese Nähe, die den Befragten und auch den Anwärter_innen bei der Ausbildung wichtig ist (vgl. RUDOLPH 2012, S. 29).

Zusammenfassend wird eine Ausbildung auf Hochschulniveau zumindest von einem Teil der Befragten begrüßt. Sie sollte dabei jedoch nicht als alleinige Ausbildungsmöglichkeit dastehen. So ist festzuhalten, dass Qualifikationen ihre Vor- und Nachteile haben. Im Hinblick auf die wachsenden bildungspolitischen Anforderungen sieht ein Teil der Befragten jedoch bessere Handlungsmöglichkeiten für die Ausbildung auf Ebene der Hochschulen (vgl. RUDOLPH 2012, S. 33).

3.2.3 Arbeitsmarktsituation – Akademiker_innen in Leitungspositionen

Auf die Frage, ob Akademiker_innen eher geeignet sind, Leitungspositionen in Kindertageseinrichtungen zu besetzen, als Absolvent_innen mit fachschulischer Qualifikation und entsprechender Weiterbildung, zeigten sich in der Befragung verschiedene Positionen.

So wird von Seiten der *Skeptiker* hauptsächlich damit argumentiert, dass eine Leitung nicht lediglich eine entsprechende Qualifikation benötige, sondern auch auf ein hohes Maß an Berufserfahrung zurückgreifen können sollte. Es ist kaum vorstellbar, dass den Hochschulabsolvent_innen zu Beginn des Berufseintritts eine Leitungsposition übertragen wird, ohne dass diese auf praktische Erfahrung zurückgreifen können. Diese Auffassung wird dabei weitestgehend vonseiten der Fachdiskussion vertreten.

> „Ein Konkurrenzkampf ist natürlich dieser Bachelorabschluss zu dem Fachschulabschluss, was die Leitungsebene angeht. [...] wobei ich dann aber einen Fachschulabschluss vorziehen würde, weil diese Menschen die Erfahrung mitbringen. [...]. Oder ich würde sagen, wer einen Bachelorabschluss hat, muss mindestens noch ein, zwei Jahre Berufserfahrung sammeln [...]" (RUDOLPH 2012, S. 35).

Die *Befürworter* hingegen merken an, dass Fachschulen für die Arbeit am Kind ausbilden und Lernfelder, die die Leitungspositionen betreffen, nicht oder kaum im Lehrplan vorgesehen sind. Es besteht zwar die Möglichkeit, sich auf diesem Feld weiterzubilden, jedoch sei eine akademisch fundierte Qualifikation in diesem Bereich geeigneter. Argumentiert wird dabei, dass eine Leitung ein Mehr an Fachwissen und tiefer gehendes Expertenwissen benötigt, als es die Lehrpläne und das Qualifikationsniveau an Fachschulen ermöglichen. Weiter wird angeführt, dass von höher qualifizierten Leitungskräften eine Qualitätssteigerung der pädagogischen Arbeit in der Einrichtung erwartet wird. Vorstellbar ist gerade im Hinblick auf die Förderung der Kinder, dass Akademiker_innen von den Mitarbeiter_innen mehr fordern und zu innovativem Denken ermutigen. Betrachtet man die Kapazitäten der Hochschulen, sei eine vollständige Akademisierung der Frühpädagogik schwer umsetzbar. Sie hätten jedoch die Möglichkeit Leitungskräfte zu qualifizieren.

Zusammenfassend werden von Leitungen in Kindertageseinrichtungen neben entsprechenden Qualifikationen auch ein gewisses Maß an praktischer Erfahrung und ein vertieftes Fachwissen über das Grundlagenwissen hinaus erwartet. Die besten Chancen auf eine Leitungsposition haben nach Meinung der Befragten die Fachkräfte, die im Anschluss an eine fachschulische Qualifikation ein Hochschulstudium absolvieren. Auch sei es mittel- und langfristig wohl so, dass die Leitungspositionen eher Akademiker_innen zugesprochen werden und Fachkräfte mit Fachschulniveau am Kind arbeiten (vgl. RUDOLPH 2012, S. 36f).

3.3 Kirstein/Fröhlich-Gildhoff/Haderlein – Berufliche Erfahrungen von Kindheitspädagoge_innen

<u>Ausgangslage:</u> Die Studie *Von der Hochschule an die KiTa. Berufliche Erfahrungen von Absolventinnen und Absolventen kindheitspädagogischer Bachelorstudiengänge*, wurde 2011 von Nicole Kirstein, Klaus Fröhlich-Gildhoff und

Ralf Haderlein im Auftrag der Weiterbildungsinitiative Frühpädagogische Fachkräfte (WIFF) erhoben. Ausgangslage war es zu untersuchen, welche Erfahrungen Absolvent_innen frühpädagogischer Studiengänge auf dem Arbeitsmarkt machen und wie sich der Berufseinstieg gestaltet. Die neu geschaffenen Studiengänge unterliegen noch einem Legitimationsdruck. Damit verbunden ist die Fragestellung, auf welche Resonanz diese Studiengänge auf dem Arbeitsmarkt stoßen. Ziel der Studie war es, bereits vorhandene Daten, einzelner Hochschulspezifischer Absolvent_innen Erhebungen in einer Metastudie zusammenzutragen (vgl. KIRSTEIN/FRÖHLICH-GILDHOFF/HADERLEIN 2012, S. 4).

Erhebungsdesign: Die verglichenen Studien beziehen sich auf den Zeitraum von 2006 bis 2010. Die Rohdatensätze stammen dabei von folgenden Hochschulen: der Alice Salomon Hochschule in Berlin, der Hochschule in München, der Evangelischen Hochschule Freiburg sowie der Hochschule in Esslingen. Hinzu kommen deskriptive Ergebnisberichte der Hochschule Koblenz und der Hochschule Emden. Bei allen Befragungen handelte es sich um Vollerhebungen der Absolvent_innen-Jahrgänge, welche online oder schriftlich erhoben wurden. Die Grundgesamtheit umfasst 376 Absolvent_innen, die Stichprobe umfasst 211 Absolvent_innen. Die Rücklaufquoten lagen zwischen mindestens 40 bis 80 Prozent. Aufgrund der hohen Rücklaufquoten liegt der Metastudie ein repräsentativer Datensatz zugrunde. Nennenswert ist noch, dass die Zugangsvoraussetzungen der jeweiligen Hochschulen sehr heterogen sind. So sind beispielsweise eine einschlägige Berufsausbildung oder eine Berufsbegleitung während des Studiums an einigen Hochschule Zugangsvoraussetzung. Unklar ist, wie sich diese in den Ergebnissen der Erhebung niederschlägt (vgl. KIRSTEIN/FRÖHLICH-GILDHOFF/HADER-LEIN 2012, S. 12).

3.3.1 Soziobiografische Aspekte

Ziel der Akademisierung ist es unter anderem das Handlungsfeld der Frühpädagogik attraktiver für Männer zu machen, um so den Anteil männlicher Fachkräfte in Kindertageseinrichtungen zu erhöhen. Betrachtet man nun den Aspekt der *Geschlechterverteilung* in der Studie, zeigt sich folgendes Bild. Die vorherrschende weibliche Dominanz im Handlungsfeld Kindertageseinrichtung spiegelt sich in der Geschlechterverteilung der Absolvent_innen wieder. So sind 94,8 Prozent der Absolvent_innen weiblich. Ähnliche Ergebnisse zeigen sich auch in anderen Absolvent_innen-Erfassungen. Ein Anstieg der männlichen Fachkräfte bedarf daher weiterer Bemühungen (vgl. KIRSTEIN/FRÖHLICH-GILDHOFF/HADERLEIN 2012, S. 34).

Berufliche Vorbildung und Berufstätigkeit: Die Ergebnisse zeigen einen hohen Anteil von Absolvent_innen mit einschlägiger beruflicher Vorbildung (82 Prozent). Mit 73,9 Prozent machen die Erziehungsberufe dabei den größten Anteil aus. Lediglich 8,1 Prozent gaben an, eine Ausbildung außerhalb des pädagogischen Bereichs durchlaufen zu haben. An dieser Stelle ist die berufliche Vorbildung als Zugangsvoraussetzung zu beachten. Der hohe Anteil zeigt jedoch, dass die Studiengänge der Frühpädagogik eine attraktive Weiterbildungsmöglichkeit für die Fachkräfte darstellen. Auch zeigt sich, dass ein großes Interesse an einen frühpädagogischen Studium als Alternative neben anderen bereits etablierten pädagogischen Studiengängen besteht (vgl. KIRSTEIN/FRÖHLICH-GILDHOFF/HADERLEIN 2012, S. 34).

Akademischer Werdegang: 19,1 Prozent der Befragten entschieden sich nach ihrem Bachelorstudium vorerst für eine akademische Weiterqualifizierung anstelle des Berufseinstiegs. Von Bedeutung ist dies vor allem im Hinblick auf die Zukunft der kindheitspädagogischen Lehre und Forschung. Wie bereits bemerkt benötigt es zu Etablierung weiterer Studiengänge mehr entsprechend qualifiziertes Personal an der Hochschule (vgl. KIRSTEIN/FRÖHLICH-GILDHOFF/HADERLEIN 2012, S. 35).

Auf dem *Arbeitsmarkt* lässt sich ein deutlicher Bedarf an Absolvent_innen feststellen. So findet fast die Hälfte der Befragten vor bzw. direkt nach Studienabschluss eine Anstellung. Drei Monate nach Studienabschluss befindet sich die große Mehrheit in einem Anstellungsverhältnis. Die kurze Einmündungsdauer und die hohen Quote erwerbstätiger Absolvent_innen lassen auf eine hohe Nachfrage an kindheitspädagogischen Fachkräften auf dem Arbeitsmarkt schließen und auf ein großes Interesse am Professionswissen der Absolvent_innen. Dabei lässt sich kein Unterschied feststellen zwischen Absolvent_innen mit bzw. ohne einschlägige berufliche Vorbildung (vgl. KIRSTEIN/FRÖHLICH-GILDHOFF/HADERLEIN 2012, S. 35).

3.3.2 Erwerbstätigkeit der Kindheitspädagoge_innen

Nach Abschluss ihres Studiums finden sich alle befragten Absolvent_innen im *pädagogischen Berufsfeld* wieder, 69,9 Prozent davon im Bereich kindheitspädagogischer Handlungsfelder. Dabei überwiegt der Anteil im Elementarbereich mit 39,7 Prozent vor dem in der Krippe mit 30,2 Prozent leicht. Damit zeigt sich ein hoher Zusammenhang zwischen dem gewählten Studienschwerpunkt und dem späteren beruflichen Tätigkeitsfeld und somit eine fachadäquate Beschäftigung der Absolvent_innen (vgl. KIRSTEIN/FRÖHLICH-GILDHOFF/HADERLEIN 2012, S. 35).

Zur *Positionierung im Tätigkeitsfeld* zeigt die Studie, dass 48,4 Prozent der Absolvent_innen die Positionen der Leitung bzw. Stellvertretenden Leitung erreichen. Zu berücksichtigen gilt es an dieser Stelle, dass sich berufliche Vorbildung positiv auf die Übernahme von Leitungspositionen auswirkt. Bedenkt man den hohen Anteil beruflicher Vorbildung innerhalb der Stichprobe, müssen diese Ergebnisse differenzierter betrachtet werde. Absolvent_innen mit einschlägiger beruflicher Vorbildung erreichen zu 85 Prozent eine Leitungsposition, wo hingegen lediglich 15 Prozent der Absolvent_innen ohne diese Vorbildung in Leitungspositionen aufsteigen (vgl. KIRSTEIN/FRÖHLICH-GILDHOFF/HADERLEIN 2012, S. 36).

Betrachtet man die verschiedenen Beschäftigungsverhältnisse im Allgemeinen, zeigt sich, dass lediglich bei einem Viertel der Absolvent_innen ein Hochschulabschluss vorausgesetzt wird. Demnach befindet sich der Großteil der Absolvent_innen in einem Beschäftigungsverhältnis, welches keinen Hochschulabschluss voraussetzt bzw. in dem dies nicht der Regelfall ist (vgl. KIRSTEIN/FRÖHLICH-GILDHOFF/HADERLEIN 2012, S. 36f).

3.3.3 Rückblickende Bewertung des Studiums

Rückblickend würden sich 63,8 Prozent der Absolvent_innen heute wieder für dasselbe Studienfach entscheiden. Diese Einschätzung lässt Rückschlüsse auf den Nutzen des Studiums im Hinblick auf die darauffolgende Beschäftigung zu. Darüber hinaus würden 90,3 Prozent das Studium an der betreffenden Hochschule weiterempfehlen. Zu berücksichtigen ist, dass individuelle Wahrnehmungsprozesse und Studienerfolge die Bewertung beeinflussen können (vgl. KIRSTEIN/FRÖHLICH-GILDHOFF/HADERLEIN 2012, S. 33).

Resümee: Auf der einen Seite scheint ein großer Bedarf an frühpädagogischen Fachkräften auf dem Arbeitsmarkt zu bestehen. Darauf lassen die kurze Einmündungsfrist und die hohe Quote erwerbstätiger Absolvent_innen schließen. Somit ist es formal gesehen gelungen, den Anteil akademisch ausgebildeter Fachkräfte innerhalb des frühpädagogischen Arbeitsfelds zu erhöhen. Dabei ist auf der anderen Seite jedoch zu berücksichtigen, dass sich ein nicht kleiner Teil der Absolvent_innen in einem Beschäftigungsverhältnis unterhalb ihrer Qualifikation befinden

3.4 Weltzien - Bedarfserhebung berufsbegleitender Studiengänge

Ausgangslage: Die Bedarfserhebung „Berufsbegleitende Studiengänge. Pädagogik der frühen Kindheit / Bildung und Erziehung im Kindesalter. Ergebnisse einer aktuellen Bedarfserhebung in Baden-Württemberg" wurde von Prof. Dr. Dörte Weltzien erhoben und 2010 in Zusammenarbeit mit dem Zentrum für Kinder- und Jugendforschung publiziert. Ausgangslage bilden dabei die sich an einigen Standorten entwickelten berufsbegleitenden Studiengänge im Bereich der Frühpädagogik. Im Auftrag des Ministeriums für Wissenschaft, Forschung und Kunst sollte die Bedarfsfrage für Baden-Württemberg erforscht werde (vgl. WELTZIEN 2010, S. 1). „Ziel war zum einen, das Nachfragepotential bei berufstätigen Erzieherinnen und Erziehern abzuschätzen [...]." (WELTZIEN 2010, S. 1).

Erhebungsdesign: Die Erhebung erfolgte mittels Online-Befragung. Zielgruppe waren berufstätige Erzieher_innen oder Fachkräfte mit einem vergleichbaren Abschluss sowie Träger von Kindertageseinrichtungen. Die Stichprobe umfasste dabei eine Gesamtmenge von 698 Fachkräften und 149 Trägern. Den größten Anteil bei den Fachkräften machten dabei die Erzieher_innen aus (90,1 Prozent). Lediglich 5,2 Prozent konnten eine akademische Qualifikation vorweisen (vgl. WELTZIEN 2010, S. 2).

Ergebnisse: Die betreffenden Studiengänge besitzen bei den Befragten einen hohen Bekanntheitsgrad und stoßen auf großes Interesse. So hatten sich bei den Fachkräften schon 53,7 Prozent persönlich über den Studiengang informiert. 65,7 Prozent können sich dabei ein solches Studium für sich vorstellen, wobei sich lediglich 3,7 Prozent der Fachkräfte insgesamt um ein Studienplatz beworben haben. Allgemein stößt ein berufsbegleitendes Studium auf ein größeres Interesse als ein Vollzeitstudium (vgl. WELTZIEN 2010, S. 2f). Motivation war dabei vor allem ein Kompetenzgewinn oder die Möglichkeit, sich für weitere Aufgaben, wie beispielsweise die Leitungsposition, zu qualifizieren (vgl. WELTZIEN 2010, S. 4). Dies zeigt, „dass die Weiterqualifizierung auf Hochschulniveau [verbunden mit hohem Praxisanteil] für Viele eine sinnvolle [...] Perspektive darstellt." (WELTZIEN 2010, S. 4)

3.5 Beher/Walter – Qualifikation und Weiterbildung der Professionellen

Ausgangslage: Die Studie *Qualifikation und Weiterbildung frühpädagogischer Fachkräfte. Bundesweite Befragung von Einrichtungsleitern und Fachkräften in Kindertageseinrichtungen: Zehn Fragen – Zehn Antworten*, wurde 2010 von Karin Beher und Michael Walter im Auftrag der Weiterbildungsinitiative früh-

pädagogischer Fachkräfte (WiFF) des Deutschen Jugendinstituts (DJI) durchgeführt. Die WiFF hat sich mit Unterstützung des Bundesministeriums für Bildung
und Forschung (BMBF) und der Robert Bosch Stiftung zum Ziel gesetzt, „die
Qualität, Transparenz und Durchlässigkeit des Systems der Ausbildung, Fortbil-
dung und Weiterbildung für Mitarbeiterinnen und Mitarbeiter in Kindertageseinrichtungen nachhaltig zu verbessern." (BEHER/WALTER 2012, S. 8) Die Befragung sollte differenzierte Daten zum Qualifikationsniveau, dem Weiterbildungsbedarf einzelner Berufsgruppen sowie den Nutzen von Fort- und Weiterbildung in Kindertageseinrichtungen hervorbringen.

Erhebungsdesign: Zielgruppe der Befragung waren Einrichtungsleiter_innen,
pädagogische Mitarbeiter_innen sowie Praktikant_innen der Erzieher_innen-
Ausbildung. Die Stichprobe umfasste dabei 4.619 Personen aus jeweils 4.619
Einrichtungen. Es wurde je eine Person pro Einrichtung per Zufall befragt. Die
Stichprobengröße umfasst etwa 10 Prozent der Gesamtheit und ist als repräsen-
tativ einzustufen. Einrichtungen, die ausschließlich dem Arbeitsfeld des Hortes
zuzuordnen sind, wurden dabei von der Erhebung ausgeschlossen. Die Befragung wurde als computergestützte Telefonbefragung in Form von standardisier-
ten Interviews durchgeführt, auf Wunsch der Befragten auch als Fragebogen.
Am Ende der Erhebungsphase konnte auf eine Datenbasis bestehend aus 4.600
verwertbaren Interviews zurückgegriffen werde, 67 Prozent von pädagogischen
Mitarbeiter_innen, 31 Prozent von Einrichtungsleiter_innen sowie 2 Prozent von
Praktikant_innen (vgl. BEHER/WALTER 2012, S. 8f).

Ergebnisse: Das *Qualifikationsprofil* der Mitarbeiter_innen betreffend, zeigt die
Studie, dass diese zum größeren Teil eine Qualifikation auf Fachschulniveau
besitzen. Diese Verteilung lässt sich sowohl auf Leitungs- wie auf Handlungs-
ebene, sprich der direkten Arbeit am Kind, beobachten. So besitzen 82 Prozent
der Leitungskräfte in den Kindertageseinrichtungen eine staatliche Anerkennung
als Erzieher_innen. Eine akademische Qualifikation konnten lediglich 12,7 Prozent vorweisen. Einen statistisch signifikanten Unterschied im Kompetenzni-
veau zwischen den verschiedenen Qualifikationen konnten BEHER und WAL-
TER dabei nicht feststellen. Betrachtet man die Ausführungsebene, so sinkt der
Anteil von Mitarbeiter_innen mit akademischer Qualifikation auf 5 Prozent und
liegt damit noch hinter dem der Mitarbeiter_innen mit einem Berufsfachschul-
abschluss (12 Prozent) (vgl. BEHER/WALTER 2012, S. 14).

Betrachtet man den Bereich der *Weiterbildung,* so zeigt sich, dass die Fachkräfte
in Kindertageseinrichtung ein großes Interesse an Weiterbildung aufweisen. 96
Prozent der Befragten haben innerhalb der letzten zwölf Monate mindestens eine

Weiterbildung besucht. Bei genauerer Betrachtung lassen sich jedoch Unterschiede im Weiterbildungsverhalten beobachten.

> „Mit Ausnahme der Veranstaltungen, die länger als eine Woche dauern, übersteigt die Beteiligungsquote der Akademikerinnen und Akademiker bei allen abgefragten Settings die Beteiligungsquote der Absolventinnen und Absolventen der Fachschule." (BEHER/WALTER 2012, S. 35).

So fühlen sich 85 Prozent der Mitarbeiter_innen mit Fachschul- oder Hochschulabschluss von Weiterbildung angesprochen, während es bei den Mitarbeiter_innen mit Berufsschulabschluss 75 Prozent sind. Dies bedeutet, dass Mitarbeiter_innen die formal einen höheren Bildungsabschluss vorweisen können, ein größeres Interesse an Weiterbildung zeigen und diese auch öfters besuchen (vgl. BEGER/WALTER 2012, S. 14f). Unabhängig von der Qualifikation der Mitarbeiter_innen, sind vor allem Weiterbildungen, die den Themenschwerpunkt auf den U3-Bereich, die Sprache, Naturwissenschaften und Bildungspläne legen, von größerer Bedeutung. Dies zeigt, dass die Bildungspläne der Länder sowie die wachsenden Erwartungen in den Einrichtungen angekommen sind und ernst genommen werde (vgl. BEHER/WALTER 2012, S. 38).

4. Ergebnisbetrachtung

Im Vorfeld wurden verschiedene Studien präsentiert, welche unterschiedliche Bereiche der Professionalisierung behandeln. Ziel dieses Kapitels ist es, die Ergebnisse zu sammeln und mit den geforderten Anforderungen aus der Professionsdebatte zu vergleichen. Daraus lässt sich ableiten, welche Wirkung die Debatte auf die Aus- und Weiterbildung, das Berufsbild, die Qualität der Arbeit sowie die Einrichtungen hat und ob sich Veränderungen feststellen lassen.

Die Anforderungen lassen sich dabei zu vier Kategorien zusammenfassen. *Erstens die Förderung der Kinder*: Darunter fällt die Förderung von schulischen Vorläuferfähigkeiten, der kindlichen Entwicklung und Bildung, die Sprachförderung sowie die Bildungsarbeit und die Bildungspläne. *Die zweite Kategorie vereint den Ausgleich von Ungleichheiten.* Darunter fällt das Entgegenwirken der Kinderarmut und der sinkenden Geburtenrate, die Verringerung von Benachteiligung beispielsweise durch eine Migrationshintergrund oder eine Behinderung, eine bessere Vereinbarkeit von Familie und Beruf sowie die Verbesserung kindlicher Startchancen. *Die dritte Kategorie umfasst die Rahmenbedingungen*: Darunter fallen die steigende gesellschaftliche Anerkennung, die Forderung nach besserer Entlohnung und der Zuwachs an männlichen Fachkräften. *Die vierte Kategorie vereint die Anforderungen an die Ausbildung und Qualität*: Darunter fallen der Zuwachs an akademisch ausgebildeten Fachkräften sowie eine Steigerung des Qualifikationsniveaus in den Kindertageseinrichtungen, das Anheben des Ausbildungsniveaus der Fachkräfte und der Ausbau von Studiengängen für den Bereich der Kindheitspädagogik.

Beginnend mit der *Förderung der Kinder* zeigt sich, dass der Anspruch an eine stärkere Bildungsarbeit zum großen Teil auf Zustimmung bei den Fachkräften trifft. Jedoch zeigt sich auch, dass dies für einige Fachkräfte eine zum Teil neue Herausforderung darstellt (vgl. RUDOLPH 2012, S. 16). Begegnet wird dem Anspruch nach Bildungs- und Entwicklungsförderung der Kinder vor allem durch eine hohe Weiterbildungsbereitschaft der Fachkräfte. Dabei sind es vor allem Thematiken, die sich unter dem Förderungsaspekt summieren lassen. Zu nennen sind dabei der Bereich der unter Dreijährigen, die Sprachförderung, die Naturwissenschaften sowie die Bildungspläne selbst (vgl. BEHER/WALTER 2012, S. 38). Dabei wird angenommen, dass Fachkräfte mit einer akademischen Qualifikation diese Anforderungen qualifizierter umsetzen können. Grund der Annahme ist die formal höhere Zugangsvoraussetzung an Hochschulen (vgl. RUDOPLH 2012, S. 27). Zusammenfassend lässt sich sagen, dass die Erwartungen an eine qualitativ höherwertige Förderung der kindlichen Bildung und Entwicklung in den Kindertageseinrichtung angekommen sind und von den Fachkräften begrüßt werden. Dasselbe gilt für die Bildungs- und Orientierungspläne der Länder. Gerade mit dem Weiterbildungsengagement lässt sich den Forderungen im Hinblick auf die kindliche Bildung und Entwicklung, die Sprachförderung, die Bildungsarbeit sowie die Förderung von schulischen Vorläuferfähigkeiten begegnen.

Im Hinblick auf die *zweite Kategorie, den Ausgleich von Ungleichheiten,* finden sich wenige Aspekte in den Studien. Aspekte, die dabei die Familie betreffen, wie beispielsweise die Vereinbarkeit von Familie und Beruf, wodurch eine höhere Frauenerwerbsquote erwartet wird, was sich wiederum auf einen Rückgang der Kinderarmut auswirken könnte, werden gar nicht erforscht. Was sich zeigt, ist, dass der Ausgleich von Ungleichheiten, die Verringerung von Benachteiligung und das Angleichen der Startchancen mit den Aspekten der Förderung und der Qualität zusammenhängen. So ist es auch hier wieder die Weiterbildung der Fachkräfte, womit den Anforderungen begegnet wird. Von Bedeutung ist dabei vor allem die Weiterbildung im Bereich der Sprachförderung, vor allem im Falle eines Migrationshintergrundes des Kindes. Auch mit einer stärkeren Bildungsarbeit in den Kindertageseinrichtungen wird der Forderung nach besseren Startchancen für alle Kinder begegnet (vgl. VBW 2012, S. 22f). Jedoch ist es auch die Qualität der Einrichtung, die sich hier positiv auswirkt. So zeigt sich ein positiver Zusammenhang zwischen einer hohen pädagogischen Qualität der Einrichtung und besseren kognitiv-leistungsbezogenen Kompetenzen der Kinder. Weiter wirkt sich eine höhere Qualifikation der Fachkräfte positiv auf die Förderung mathematischer Kompetenzen aus (vgl. VBW 2012, S. 29). Die Anforderungen werden daher nur teilweise erfüllt.

Ähnlich wie zur zweiten Kategorie finden sich auch zur *dritten Kategorie, den Rahmenbedingungen,* nur wenige Ergebnisse in den Studien. Es zeigt sich lediglich, dass es kaum gelungen ist, den Anteil männlicher Fachkräfte in den Kindertageseinrichtungen zu erhöhen. So dominiert der Anteil der weiblichen Fachkräfte mit 94,8 Prozent deutlich den Handlungsbereich. Auch befinden sich viele der akademisch qualifizierten Fachkräfte in einem Beschäftigungsverhältnis unterhalb ihrer Qualifikation, was sich negativ auf eine angemessene, fachgerechte Entlohnung auswirken könnte (vgl. KIRSTEIN/FRÖHLICH-GILDHOFF/HADERLEIN 2012, S. 38). Weiter zeigen die Studien zwar, dass sich die Rahmenbedingungen, insbesondere die Fachkraft-Kind-Relation, positiv auf die sozial-emotionalen wie auch auf die kognitiv-leistungsbezogenen Kompetenzen der Kinder auswirken, besonders bei einem hohen Qualifikationsniveau der Fachkräfte. Auch erhofft man sich von einer Akademisierung bzw. einer Zunahme akademisch qualifizierter Fachkräfte eine größere gesellschaftliche Anerkennung, ob dies erreicht wurde, bedarf dabei jedoch weiterer Forschung. Zuletzt gilt es zu überprüfen, ob den Ansprüchen der *vierten Kategorie*, sprich dem Ausbau der Bachelor-Studiengänge der Kindheitspädagogik, dem Anstieg des Qualifikationsniveaus in den Einrichtungen und der Schaffung neuer Aufstiegschancen für die Fachkräfte, begegnet wird. Die Meinung, dass durch die veränderten gesellschaftlichen Entwicklungen eine Erweiterung des Qualifikationsniveaus der Fachkräfte nötig ist, wird auch seitens der Ausbildung vertreten. So wird für den Ausbau von Bachelor-Studiengängen plädiert, da auf Ebene der fachschulischen Qualifikation Verbesserungsbedarf gesehen wird. Weiter ist diese zu wenig am wissenschaftlichen Arbeiten orientiert (vgl. RUDOLPH 2012, S. 30). Dabei wird es als wichtig empfunden, dass die zukünftigen Fachkräfte in der Lage sind, sich mit wissenschaftlicher Forschung zu befassen, die Erkenntnisse interpretieren können und diese auf die Bedeutung für die Arbeit hin anwenden können (vgl. RUDOLPH 2012, 31). Es zeigt sich hier, dass die Forderung nach mehr akademisch orientierten Lehrplänen und mehr wissenschaftlichen Aspekten auf der Fachschulebene angekommen ist. Die Möglichkeit des Bachelorstudiums der Kindheitspädagogik stößt dabei auch im Handlungsfeld auf großes Interesse, dies gilt vor allem für die berufsbegleitenden Studiengänge. Jedoch hat sich lediglich ein geringer Teil (3,7 Prozent) der Fachkräfte für einen solchen Studiengang beworben (vgl. WELTZIEN 2012, S. 2f). Zusammenfassend lässt sich sagen, dass es trotz aller Bemühungen um eine Akademisierung und Etablierung einschlägiger Bachelor-Studiengänge zwar formal gelungen ist, den Anteil akademischer Fachkräfte zu erhöhen, jedoch lediglich um 1,3 Prozent. Damit geht aber dennoch eine Steigerung des Qualifikationsniveaus innerhalb der Kindertageseinrichtungen einher. Somit lässt sich hier ein Nachkommen gegenüber den Anforderungen verzeichnen. Von besonderer Bedeutung ist dabei, dass 82 Prozent der Absolvent_innen der Studiengänge der Kindheitspädagogik im Vorfeld schon eine einschlägige Ausbildung oder Berufserfahrung vorweisen konnten, meist auf einem formal niedrigeren Niveau. Die Studiengänge stellen somit auch eine attraktive Weiterbildungsmöglichkeit dar (vgl. KIRSTEIN/FRÖHLICH-GILDHOFF/HADERLEIN 2012, S. 34). Auch unter diesem Aspekt lässt sich daher eine Erfüllung der Anforderung feststellen. Abschließend ist es, dank der Professionsdebatte ebenfalls gelungen, neue Aufstiegschancen für die Fachkräfte zu schaffen. So nehmen 48,4 Prozent der Absolvent_innen frühpädagogischer Studiengänge inzwischen Leitungspositionen ein. Weitere 19,1 Prozent der Absolvent_innen haben sich nach ihrem Erststudium für eine akademische Bildungskarriere entschieden.

Fasst man alle Kategorien zusammen, lässt sich sagen, dass die Ansprüche der Professionsdebatte großenteils Gehör finden und umgesetzt werden. Lediglich zu der Vereinbarkeit von Familie und Beruf sowie einem Teil der Rahmenbedingungen konnten die Studien keine Angaben machen. Beim Ausgleich von Ungleichheiten besteht dabei jedoch noch Handlungsbedarf. Ebenso ist es noch nicht gelungen, den Anteil männlicher Fachkräfte in den Kindertageseinrichtungen zu erhöhen. Erfreulich sind hingegen die Ergebnisse im Hinblick auf das Interesse an den kindheitspädagogischen Studiengängen, den, wenn auch geringen Anstieg des Qualifikationsniveaus in den Kindertageseinrichtungen sowie die geschaffenen Aufstiegschancen für die Fachkräfte.

5. Zukunftsperspektiven

Im Vorfeld wurden die veränderten Anforderungen und Erwartungen an die Qualifikation der Fachkräfte, an die Fachkräfte selbst und die Institutionen aufgezeigt. Es wurde historisch ein Überblick über die Professionsdebatte gegeben und auf den Stand und die Notwendigkeit der kindheitspädagogischen Professionsforschung und der Etablierung einer Disziplin der Kindheitspädagogik eingegangen. Im Rahmen der Studien wurden verschiedene Aspekte der Professionsdebatte aufgegriffen und auf ihre Umsetzung und Wirksamkeit hin überprüft. Die Frage, die sich anschließend stellt, ist, welche Auswirkungen und Konsequenzen haben die veränderten Erwartungen, die Dynamik der Professionsdebatte und die gewonnenen Erkenntnisse auf die Ebene der Ausbildung, auf die Ebene der Forschung und des wissenschaftlichen Transfers, auf die Ebene der Institution und der Handlungsfelder sowie auf die Ebene der (Fach-)Politik? Dieser Frage nach den Zukunftsperspektiven der frühen Kindheitspädagogik wird im folgenden Abschnitt nachgegangen.

5.1 Zukünftige Gestaltung der Ausbildung und Akademisierung

Zunächst wird auf die *Ausbildungsebene* eingegangen. Wie folgende Modelle zeigen, muss den Erwartungen an eine qualitativ hochwertige Ausbildung zukünftiger frühpädagogischer Fachkräfte dabei nicht zwangsläufig mit einer Voll-Akademisierung der Ausbildung begegnet werde (vgl. RUDOLPH 2012, S. 42). Im Gegenteil bedarf es bei der Professionalisierung der Berücksichtigung aller Ausbildungsebenen. Angefangen bei den Assistenzberufen auf Berufsschulniveau über die Erzieherausbildung an den Fachschulen, das Studium an Fachhochschulen und Universitäten inklusive der berufsbegleitenden Studiengänge bis hin zur Weiterbildung der im Handlungsfeld agierenden Fachkräfte. Im Hinblick auf die Qualifizierung der Fachkräfte wären folgende fünf Modelle vorstellbar: Beim *ersten Modell* bleibt die Fachschule auch zukünftig die traditionelle Qualifikationsmöglichkeit für Erzieher in kindheitspädagogischen Handlungsfeldern. Nach dem *zweiten Modell* vollzieht sich eine mittel- bis langfristige Verlagerung von den Fachschulen an die Hochschulen. Dieses Modell käme dem Ruf nach einer Akademisierung entgegen (vgl. PASTERNACK 2008, S.46). Weiter würde es die Qualifikation der Erzieher_innen auf den im europäischen Raum dominierenden Standard anheben (vgl. RUDOLP 2012, S. 41). Nach einem *dritten Modell* wäre eine Kooperation von Fachschulen und Hochschulen denkbar. Die Kooperation könnte sich als eine gemeinsame Qualifizierung, beispielsweise in Form einer fachschulischen Breitbandausbildung und einer hochschulischen Spezialisierung oder in Form einer Anrechnung der Fach-schulausbildung und eines verkürzten Hochschulstudiums, gestalten. Das *vierte Modell* sieht langfristig einen parallelen Erhalt beider Qualifikationsmöglichkei-ten vor (vgl. PASTERNACK 2008, S. 47). So wird argumentiert, dass, müsste man sich zukünftig für eine Qualifikationsebene, Fachschule oder Hochschule entscheiden, keine der beiden eine zufriedenstellende Lösung darstellt. Vielmehr sollten die Vorteile und Stärken beider Möglichkeiten genutzt werden und nicht in einem ergebnisoffenen Konkurrenzkampf um die Schirmherrschaft gegenei-nander ausgespielt werden (vgl. RUDOLPH 2012, S. 48). Im Raum steht dabei jedoch ebenfalls die Vermutung, dass bei einer parallelen Qualifikation der Fachkräfte die Kapazitäten der Hochschulen so weit ausgebaut werden, dass sich die Qualifikation, langfristig gesehen dennoch auf Hochschulebene ansie-delt. Somit könnte dieses Modell auch als Übergangsmodell zum zweiten Mo-dell und damit hin zu einer Akademisierung verstanden werden. Ein *fünftes Mo-dell* sieht vor die Fachschulen formal höher anzusiedeln. Dies würde bedeuten, die aktuell bestehenden Fachschulen in höhere Fachschulen umzuwandeln. Dar-aus würden höhere Zugangsvoraussetzungen resultieren wie beispielsweise die allgemeine Hochschulreife und ebenfalls höhere Anforderungen an die Qualifi-kation der Lehrenden (vgl. PASTERNACK 2008, S. 47).

Im Folgenden soll auf die ersten beiden Modelle, die Beibehaltung der traditio-nellen Erzieher_innen-Ausbildung an Fachschulen unter Berücksichtigung einer Veränderung der Ausbildungsinhalte sowie die Verlagerung der Ausbildung an die Hochschulen und damit eine Akademisierung der Ausbildung eingegangen werden. Bevor man auf die *Anforderungen an eine Veränderte Ausbildung der Erzieher_innen* eingeht, muss gesagt werden, dass die Ausbildungssituation in Deutschland als sehr heterogen bezeichnet werden muss. So unterscheiden sich die Zugangsvoraussetzungen, die Qualität und auch die Inhalte auf Bundes- und Länderebene. Gefordert wird daher eine Vereinheitlichung der Ausbildung zu-mindest auf Länderebene (vgl. POLLERT 2012, S. 111). Dafür ist eine Koope-ration der Qualifikationsinstitutionen, gemeinsame Absprachen sowie die Ent-wicklung neuer Ausbildungskonzepte, deren Erprobung und ihre Evaluation vonnöten (vgl. KARSTEN 2006, S. 134f). Eine Homogenisierung der Zugangs-voraussetzungen und der inhaltlichen Schwerpunkte würde einen kontrollierba-reren „Outcome" und damit ein einheitliches Qualitätsniveau der Fachkräfte er-möglichen. Im Hinblick auf die Inhalte sollten dabei relevante Schwerpunkte unter Berücksichtigung der Anforderungen herausgearbeitet werden. Es sollten gezielt benötigte Kompetenzen gefördert werden, um den Anforderungen zu entsprechen. Auch wäre es denkbar, Inhalte in Modulen zusammenzufassen, um ein Angleichen der Ausbildung an die Hochschule zu erreichen und so Übergänge und Anrechnungsverfahren zu erleichtern und zu ermöglichen. Weiter sollten Elemente verschiedener Disziplinen und Bereiche, wie beispielsweise des Studiums der Frühpädagogik, und didaktische Aspekte des Lehramtsstudiums in die Qualifizierung der Erzieher_innen mit einfließen, um so eine Steigerung der Qualität zu bewirken (vgl. RAUSCHENBACH 2006, S. 29f). Abschließend sollte eine Spezialisierung innerhalb der Ausbildung ermöglicht werden. Dies könnten dabei Bereiche wie Bildungsarbeit, Frühpädagogik oder Leitungsfunktion sein (vgl. VBW 2012, S. 71). Zukünftig muss auch über die Qualifikation der Lehrkräfte nachgedacht werden. Gefordert wird dabei mehr qualifiziertes Lehrpersonal, beispielsweise durch ein Lehramtsstudium der Erziehungswissenschaft. Abschließend lässt sich sagen, dass die Politik dazu tendiert, diese Qualifizierung auf Fachschulniveau beizubehalten, jedoch bedarf es dabei einer Veränderung der oben beschriebenen Aspekte, um zukünftig qualitativ hochwertig ausgebildete Fachkräfte und somit eine hohe pädagogische Qualität innerhalb der Kindertageseinrichtung gewährleisten zu können (vgl. VBW 2012, S. 50).

Im Folgenden wird die Möglichkeit einer *Verlagerung der Ausbildung an die Hochschulen* betrachtet. Berücksichtigt man die Anforderungen an die Fachkräfte, stellt eine (Teil-)Akademisierung eine kaum zu ignorierende Möglichkeit dar, die zukünftige Qualifizierung der Fachkräfte mit zu verantworten. Die Frage dabei ist, in welchem Umfang sich eine Akademisierung vollzieht und welchen Auftrag die Hochschulen dabei verfolgen (vgl. THOLE/CLOOS 2006, S. 70f). Im Falle einer vollständigen Akademisierung würde dies eine der umfangreichsten Veränderungen innerhalb der Geschichte der Pädagogik darstellen, jedoch auch eine Angleichung an das europäisch vorherrschende Ausbildungskonzept bedeuten. Zu beachten gilt dabei, dass aufseiten der Fachpolitik lediglich eine Minderheit diesen Wandel in Betracht zieht. Des Weiteren ist mit der Idee einer vollständigen Akademisierung die Frage verbunden, wie die Hochschulen die jährliche Menge an Fachkräfte, qualifizieren kann, betrachtet man ihre geringeren kapazitären Möglichkeiten im Vergleich zu den Fachschulen (vgl. RUDOLPH 2012, S. 41). Aller Kritik zum Trotz lassen sich der Nutzen und die Vorteile einer akademischen Ausbildung nicht ignorieren. So würde die hochschulische Ausbildung den geforderten Erwartungen nach einer Erhöhung der Zugangsvoraussetzungen entgegenkommen. Weiter findet sich hier hoch qualifiziertes Lehrpersonal mit direktem Bezug zum aktuellen Forschungsstand, was eine Verbindung von Lehre und Forschung garantieren würde. Außerdem erwerben die Auszubildenden Kompetenzen in der eigenständigen Bearbeitung und Erschließung wissenschaftlicher Erkenntnisse und Urteilsfähigkeit (vgl. PASTERNACK 2008, S. 39). Ein möglicher Effekt dieser Verlagerung wäre die Chance, die Qualifizierung der Assistenzberufe auf Fachschulniveau anzuheben, da dort im Zuge der Akademisierung Kapazitäten frei werden würden. Sprich, es wäre eine allgemeine Anhebung des Qualifikationsniveaus in den Handlungsfeldern der Kindheitspädagogik möglich (vgl. BALLUSECK 2008, S. 18). Die Verlagerung der Qualifikation an die Hochschulen hätte dabei das Potenzial einer gesellschaftlichen Aufwertung und einer größeren Akzeptanz der Professionellen. Weiter bestünde die Möglichkeit, diese Anerkennung auch entgeltlich, in Form von höherer Entlohnung, zu verdeutlichen. Inhaltlich sollten die Studiengänge der Kindheitspädagogik dabei, neben dem Kompetenzerwerb im Hinblick auf wissenschaftliches Arbeiten, die Studierenden mit Grundfragen der Erziehungs- und Bildungswissenschaft, dem kindlichen Lernen, der Lern- und Entwicklungspsychologie, der Bildungsarbeit, ihrer Dokumentation und Evaluation, der Familienförderung und der sozialräumlichen Vernetzung konfrontieren (vgl. BAG-BEK 2009, S. 8). Dabei sollte wie bei den Fachschulen auf eine homogene Gestaltung der Studiengänge, zumindest auf Ebene der Länder, geachtet werden. Abschließend sollte berücksichtigt werden, dass das Studium nicht nur als Ausbildungs- sondern auch als Weiterbildungsinstanz verstanden werden muss. Daher ist eine Etablierung berufsbegleitender Studiengänge neben den Präsenzstudiengängen vonnöten (vgl. VBW 2012, S. 70). Die Jugendministerkonferenz fordert, die Kapazitäten der Hochschulen vorrangig zu nutzen, um Leitungskräfte (weiter) zu qualifizieren (vgl. MÜLLER-NEUENDORF 2006, S. 178).

Daher soll im Folgenden die Qualifizierung im Hinblick auf die *Leitungsfunktion in Kindertageseinrichtungen als Teilaspekt der Forderung nach einer Akademisierung* der Ausbildung betrachtet werden. Diese Forderung gründet dabei auf verschiedenen Argumenten. Zum einen ist davon auszugehen, dass Fachkräfte, die später einmal Leitungsfunktionen übernehmen, nicht speziell dafür ausgebildet wurden. Zwar gibt es Fachschulen, in denen die Leitungsaufgaben als Wahlpflichtmodul belegbar sind, dies ist jedoch nicht der Regelfall. An Fachschulen werden die Fachkräfte eher auf die Arbeit am Kind, sprich den Gruppendienst, vorbereitet, als auf das Arbeitsfeld der Leitung, mit dem andere Anforderungen verbunden sind (KÖSLER/STEINEBACH 2006, S. 191). Zum anderen wird argumentiert, dass die Hochschule nicht die Kapazitäten besitzt, um eine vollständige Akademisierung der Professionellen zu gewährleisten, wohl aber für die Akademisierung eines Teilbereiches, zumal die Leitungskräfte vieler Kindertageseinrichtungen bereits eine akademische Qualifikation vorweisen. Von der Akademisierung der Leitungskräfte wird dabei eine positive Auswirkung auf die Qualität der pädagogischen Arbeit erwartet. So wird erwartet, dass sie ihr Wissen und ihre Einstellung in das Team tragen, einen höheren Anspruch an die Arbeit stellen, mehr Engagement fordern sowie mehr wissenschaftlich fundierte Reflexion und ein höheres Interesse an aktuellen Forschungen, Entwicklungen und Erkenntnissen zeigen (vgl. RUDOLPH 2012, S. 35f).

Um diesen Erwartungen gerecht zu werden, sollte ein möglicher Studiengang die Studierenden darin unterstützen, eine Leitungspersönlichkeit und eine gewisse Rollensicherheit auszubilden. Das bedeutet, es sollen der Auftrag und die Aufgabe der Leitungsfunktion ebenso vermittelt werden wie ihre Stellung im Personalgefüge. Weitere Inhalte sind die Ausprägung von Handlungskompetenzen. Zum einen im Hinblick auf das Personalmanagement. Darunter fallen Aspekte wie Teamarbeit, Konfliktmoderation und Gesprächsführung. Und zum anderen in Bezug auf die Organisation .Das bedeutet Konzeptionsentwicklung, Finanzierung, Zusammenarbeit mit Kooperationspartnern und die Öffentlichkeitsarbeit (vgl. KÖSLER/STEINEBACH 2006, S. 192).

5.2 Zur Zukunft der kindheitspädagogischen Disziplin und Forschung

Mit der wissenschaftlich fundierten Ausbildung der Fachkräfte und der zunehmenden Akademisierung des kindheitspädagogischen Handlungsfeldes stehen ebenfalls *Ansprüche an die Ebene der Wissenschaft und Forschung* in Verbindung. Dabei sei zunächst allgemein auf diese Anforderungen eingegangen, um im Anschluss die Ansprüche an eine zukünftige Gestaltung des Theorie-Praxis-Transfers zu betrachten. Betrachtet man nun diese Ebene der Wissenschaft und Forschung, wird an mehreren Stellen ein Handlungsbedarf deutlich. Erstens aufseiten der Disziplin. Hier besteht der Anspruch, die Kindheitspädagogik an den Hochschulen als eigenständige Disziplin zu etablieren und sie damit aus dem Schatten anderer Disziplinen hervorzuheben. Dabei ist es wichtig, ihr Verhältnis zu den Nachbardisziplinen, wie beispielsweise der Sozial- oder der Schulpädagogik zu klären (vgl. BETZ/CLOOS 2014, S.12). Zu ihren wichtigsten Aufgaben zählt es, die aktuell noch relativ kleine kindheitspädagogische Forschungslandschaft um neue Erkenntnisse zu bereichern und die Professionsforschung voranzutreiben. Die aktuellen Entwicklungen benötigen empirisch gesicherte Erkenntnisse im Hinblick auf ihre Wirksamkeit und ihren Nutzen (vgl. NENTWIG-GESEMANN 2008, S. 251). Zweitens besteht Handlungsbedarf im Hinblick auf die personelle Ausstattung von Forschung und Lehre. An dieser Stelle gilt es Forschungsarbeiten zu fördern, Nachwuchsförderung in Form von Stipendien zu betreiben sowie Promotionen und Habilitationen zu unterstützen. Weiter müssen neue Lehrstühle etabliert und bestehende Lehrstühle ausgebaut werden (vgl. RABE-KLEBERG 2008, S. 242). Darüber hinaus sollten außeruniversitäre Einrichtungen wie Forschungszentren und Stiftungen initiiert werden (vgl. VBW 2012, S. 60). Die Ansprüche an den Ausbau der Forschung sind von Bedeutung für die wissenschaftliche Begleitung der aktuell dynamischen Professionsdebatte und für die Etablierung einer wissenschaftlich fundierten Lehre und Ausbildung der zukünftigen Fachkräfte.

Damit in Verbindung steht die Frage nach der *Verbindung von Theorie und Praxis*, sprich dem Transfer wissenschaftlicher Erkenntnisse in die kindheitspädagogischen Handlungsfelder. Pädagogische Fachkräfte benötigen für qualitativ hochwertige pädagogische Arbeit mehr Zugang zur Forschung (vgl. NENTWIG-GESEMANN 2008, S. 251). Aktuell vollzieht sich der Transfer hauptsächlich über die Institutionen, meist in Form von Weiterbildungsmaßnahmen. Langfristig gesehen soll sich der Transfer jedoch über die im Handlungsfeld agierenden Fachkräfte selbst vollziehen. Vonnöten dafür ist jedoch eine stärkere Verknüpfung der Praxis mit der Forschung. Vorstellbar wäre dies in Form einer Kooperation zwischen Leitungskräften, die sich mittels Masterstudiengang weiterqualifiziert haben und gemeinsam mit Professor_innen und Doktorand_innen an Forschungsprojekten arbeiten. Darüber hinaus wäre es vorstellbar, die Leitungskräfte auf diesem Weg auf eine Promotion vorzubereiten, ohne dass sie das Handlungsfeld verlassen müssten. Zu finden sind solche Modellansätze bereit in Australien und Neuseeland. Um diese innerhalb Deutschlands umzusetzen bedarf es jedoch eines Zuwachses an akademisch qualifizierten Fachkräften in Kindertageseinrichtungen und Leitungspositionen (vgl. RABE-KLEBERG 2008, S. 246). Bis dieses Ziel verwirklicht werden kann, wird von der Hochschule erwartet, Institutionen bzw. Abteilungen einzurichten, die sich der Problematik der mangelnden Verknüpfung von Wissenschaft und Praxis annehmen und diese sicherstellen sollen (vgl. RABE-KLEBERG 2008, S. 247). Eine weitere Möglichkeit, diese Problematik zu überbrücken, bestünde in den Berufsbegleitenden Studiengängen, indem die studierenden Fachkräfte selbst ein Transferorgan darstellen.

5.3 Zukünftige Gestaltung auf institutioneller Ebene

Die oben beschriebenen Möglichkeiten behandelten alle den Aspekt der Qualifikation der Fachkräfte und der Lehre. Im Kontext der Professionsdebatte stellt dies jedoch nur einen Bereich dar, der einer Veränderung bedarf. Ein weiterer Bereich ist die *Ebene der Institution*. Hier sind es vor allem strukturelle Rahmenbedingungen, die Weiterbildung der aktuell beschäftigten Fachkräfte sowie der Ansatz von Multiprofessionellen Teams, die eine Betrachtung benötigen. Zunächst sei auf die *Rahmenbedingungen* eingegangen, sie tragen dabei maßgeblich zur Qualität der pädagogischen Arbeit bei. Zu nennen wären dabei Veränderungen der letzten Jahre, die zu Qualitätseinbußen geführt haben. So wurde die maximale Zahl der Kinder pro Gruppe erhöht, was zu einer größeren Fachkräfte-Kind-Relation führte. Weiter wurden die Qualitätsanforderungen für Zweitkräfte herabgestuft. Hier muss deutlich hervorgehoben werden, dass dies im Widerspruch steht zu der Forderung nach höher qualifizierten Fachkräften. Der Ausbau der Kindertageseinrichtung führte außerdem zu einer größeren Altersheterogenität innerhalb der Gruppen, was sich, unter Berücksichtigung der Fachkräfte-Kind-Relation, negativ auswirkt auf die altersspezifischen Förderungsmöglichkeiten der Kinder. Diese Rahmenbedingungen bedürfen zukünftig einer Verbesserung. Des Weiteren sollte die Verfügungszeit, sprich die Zeit zur Planung, Vorbereitung und Evaluation von Bildungsangeboten und Qualitätsmanagement, ausgeweitet werden (vgl. TEXTOR 2005, S. 215f). Auch im Hinblick auf die *Weiterbildung und Qualifizierung der in den Handlungsfeldern der Kindheitspädagogik beschäftigten Fachkräfte* besteht Handlungsbedarf. Die Frage dabei ist, wie diese Fachkräfte unterstützt werden können, den veränderten Anforderungen und Erwartungen ihnen gegenüber gerecht zu werden. Zu beachten ist, dass diese Fachkräfte innerhalb der Professionsdebatte oftmals nicht ausreichend berücksichtigt werden. Dabei stellen sie jedoch den im Vergleich zu den Fachkräften an Fachschulen und Hochschulen größeren Anteil dar. Chancen werden an dieser Stelle im Rahmen von beruflicher Weiterbildung gesehen. Die Anforderungen an die thematischen Inhalte der Weiterbildungen beziehen sich dabei auf die gestellten Anforderungen an die Fachkräfte und die pädagogische Arbeit. So sind es Bereiche wie die sprachlichen Förderungen, die wachsende Heterogenität der Gruppen durch kulturelle Vielfalt und Inklusion, die frühe und kindgerechte Förderung der unter Dreijährigen und die Zusammenarbeit mit den Eltern, die verstärkt angeboten werden sollten (vgl. LEU/KALICKI 2014, S. 193f). Auch im Hinblick auf die Übernahme von Leitungspositionen und Praxisanleitungen besteht Handlungsbedarf (BEHER/WALTER 2012, S. 70). Um eine großflächige Weiterbildung zu erreichen, wird gefordert, die Weiterbildung für Fachkräfte zu verpflichten. Anreiz könnte auch die Aufstiegschance gerade für niedrig qualifizierte Fachkräfte sein. So könnten sie mittels systematischer Weiterbildung einen höheren Fachkräfte-

Status erlangen bzw. diese nutzen, um sich für ein Studium zu qualifizieren. Auch sollte überlegt werden, die Hochschulen stärker in die Weiterbildung mit einzubeziehen und die Weiterbildung, gerade bei systematischer Weiterbildung, zu zertifizieren, was sich positiv auf die Entlohnung der Fachkräfte auswirken könnte (vgl. VBW 2012, S. 71).

Abschließend wird im Folgenden auf den Ansatz von *Multiprofessionellen Teams* eingegangen. Zukünftig wird es in den Einrichtungen eine im Hinblick auf die Qualifikation der Fachkräfte immer größere Heterogenität geben. Neben den Assistenz- und Erzieherberufen sowie weiterer Qualifikationen werden sich mehr akademisch qualifizierte Frühpädagoge_innen in den Kindertageseinrichtung ansiedeln. Sprich, es werden sich Multiprofessionelle Teams bilden. Diesem Ansatz nach vollzieht sich die pädagogische Arbeit dabei unabhängig von dem Qualifikationsniveau der Fachkräfte gemeinsam auf Augenhöhe. Das bedeutet, es gilt das Wissen, Können und die Stärken jeder Fachkraft und die Vorteile ihrer Ausbildung zu nutzen. Dabei hat jede Fachkraft ihren speziellen Aufgabenbereich und profitiert von den Stärken der anderen. Ziel wäre es, dass mindestens eine der Fachkräfte eine akademische Ausbildung im Bereich der Kindheitspädagogik vorweisen kann (vgl. RUDOLPH 2012, S. 37). „So sind Teams, die sehr gut geführt werden und multiprofessionell besetzt sind, durchaus in der Lage, einen forschenden Habitus zu entwickeln [...]." (WELTZIEN 2014, S. 212)

> „Der forschende Habitus erzeugt ein positiv besetztes inneres Bild: Es handelt sich um eine Grundhaltung, die von Aufmerksamkeit, Sicherheit, Lernfreude, Offenheit und Empathie geprägt ist. Er impliziert jedoch darüber hinaus die intensive Auseinandersetzung mit pädagogischen Konzepten und Bildungsprogrammen, deren kritische Überprüfung und kontextbezogene Adaption auf das eigene Handlungsfeld." (WELTZIEN 2014, S. 213).

Dieser forschende Habitus kann sich dann positiv auf die Arbeit im Team, am Kind, mit den Eltern und dem Träger auswirken und würde zu einer Steigerung der pädagogischen Qualität führen (vgl. RUDOLPH 2012, S. 37).

5.4 Anforderungen an die Politik und das Qualitätsmonitoring

Im Vorfeld wurden die Ebenen der Ausbildung und der Institution betrachtet. Im Folgenden werden Zukunftsperspektiven im Hinblick auf die Politik und das Qualitätsmonitoring dargestellt. Dieser Bereich steht in Verbindung mit den im Vorfeld beschriebenen und lässt sich nicht getrennt von ihnen betrachten. Die frühe Bildung, Betreuung und Erziehung soll in Zukunft höhere politische Priorität erlangen. Man benötigt Veränderungen, um die frühe Bildung, Betreuung und Erziehung auch auf politischer Ebene voranzutreiben (vgl. HADERLEIN 2008, S. 317). Ziel muss es sein, ein pädagogisches Konzept ähnlich dem „Gemeinsamen Rahmens der Länder für die frühe Bildung in Kindertageseinrichtungen" für das Handlungsfeld der Arbeit mit unter Dreijährigen zu entwickeln. Des Weiteren sollten die vorhandenen Ressourcen des Betreuungsangebots trotz erwartetem Rückgang der Geburtenrate erhalten bleiben. Die dabei entstehenden Kapazitäten sollten genutzt werden zum Ausbau des Betreuungsangebotes und zur Verbesserung der Rahmenbedingungen (vgl. BMFSFJ 2003, S. 23f). Zusätzlich muss das Budget für die öffentliche Kinderbetreuung aufgestockt und die Investition pro Kind erhöht werden. Wirtschaftlich wird dabei davon ausgegangen, dass dieses Geld bei hoher Qualität der Kindertageseinrichtungen in den späteren Lebenskarrieren eingespart werden kann. Allgemein sollten die Rahmenbedingungen innerhalb der Kindertageseinrichtungen sowie die Arbeitsbedingungen der Fachkräfte innerhalb der frühen Bildung, Betreuung und Erziehung verbessert werden (vgl. OECD 2006, S. 7). Ein abschließend wichtiger Aspekt ist die Verbesserung der öffentlichen Wahrnehmung der frühen Bildung, Betreuung und Erziehung (vgl. BMFSFJ 2003, S. 24).

Zum Schluss soll noch auf das *Qualitätsmonitoring* eingegangen werden. Dabei wird hauptsächlich an die Politik, die Forschung und die Träger appelliert, diese voranzubringen. Im Rahmen der Professionsdebatte entwickelten sich verschiedenste Ansätze, Konzepte und Veränderungen, um den gestiegenen Erwartungen gerecht zu werden. Die Stärken, aber auch die Schwächen dieser Ansätze bleiben ohne Qualitätsmonitoring jedoch unerkannt. Die Initiierung der Ansätze garantiert dabei noch keine Qualität. Daher bedarf es eines Qualitätsmonitoring, um den Nutzen und die Wirkung der Ansätze zu evaluieren (vgl. LEYENDECKER 2012, S. 15). Eine weitere Problematik wird deutlich, wenn man sich der Erkenntnis vergewissert, dass ein großer Teil der Kindertageseinrichtungen und Träger sich nicht in staatlicher Obhut befinden. Dabei wird davon ausgegangen, dass gerade die kleineren Einrichtungen und Träger weniger in Qualitätsmonitoring investieren, sie jedoch ebenfalls ihre Ansätze legitimieren müssen. Appelliert wird an dieser Stelle auch an die staatlichen Behörden, die Datensammlung und das Qualitätsmonitoring voranzutreiben und verstärkt zu betreiben, und das im Interesse einer qualitativ hochwertigen und wissenschaftlich begleiteten frühen Bildung, Betreuung und Erziehung. Dabei sollten Qualitätsstandards etabliert und kontrolliert werden (vgl. OECD 2006, S. 4f). Ein weiterer Aspekt ist die Metareflexion der Evaluationsmaßnahmen auf deren Wirksamkeit hin. Dazu sollten die Erfahrungen der Länder, beispielsweise aus dem anglo-amerikanischen Raum, genutzt werden, in denen ein solches Qualitätsmonitoring bereits etabliert und erprobt ist (vgl. BMFSFL 2003, S. 27).

Schluss

An dieser Stelle soll noch einmal Raum geschaffen werden, um ein Resümee zu ziehen. Es wird zunächst die eingangs gestellte Fragestellung aufgegriffen. Dabei soll überprüft werden, ob es gelungen ist, die frühe Kindheitspädagogik stärker akademisch und wissenschaftlich zu fundieren und den Anteil akademischer Fachkräfte in den einschlägigen Handlungsfeldern zu erhöhen. Auf die Frage, ob die akademisch qualifizierten Fachkräfte Nutzen bringen und wenn ja, welchen, wird anschließend eingegangen. Weiter werden offene Fragen und Aspekte genannt, die einer gesonderten Betrachtung und einer weiteren Erforschung bedürfen. Abgeschlossen wird die Bachelorarbeit mit ein paar letzten Zeilen zur Professionsdebatte.

Im Hinblick auf eine stärker akademische und wissenschaftliche Fundierung kann positiv geantwortet werden. Diese Entwicklung wird dabei mehrheitlich begrüßt. Deutlich wird dies zum einen an einem großen Interesse seitens des Arbeitsmarktes, zum anderen an dem Anteil der Fachkräfte, die sich im Rahmen eines kindheitspädagogischen Studienganges weiterbilden, um sich anschließend höher qualifiziert zurück ins Handlungsfeld zu begeben. Der Anteil akademisch ausgebildeter Fachkräfte stieg dabei im Rahmen der Professionsbemühungen leicht, um 1,3 Prozent, an. Dies stellt zwar nur einen geringen Anteil dar, angesichts der Aktualität der Professionsdebatte wird jedoch ein weiterer Anstieg erwartet. Auch im Hinblick auf den Nutzen des neuen akademisch-wissenschaftlich fundierten Professionswissens lassen sich positive Effekte aufzeigen. So lassen sich positive Zusammenhänge zwischen einer höheren Qualifikation und einer höheren Förderqualität der Einrichtung feststellen, sowie positive Effekte auf die Entwicklung des Kindes. Dies ist insbesondere der Fall bei einer höheren Qualifizierung der Leitungskräfte.

Offen bleibt die Frage nach der Zukunft der Assistenzberufe. Handlungsbedarf gibt es auch aufseiten der Forschung. So ist es nötig, zukünftig zu erforschen, welche Einflüsse das Qualifikationsniveau auf die Qualität der Einrichtung hat. In Deutschland gibt es bis dato noch keine Erkenntnisse dazu. Auch muss mehr vergleichende Berufsgruppenforschung betrieben werden. Weiter sollte man sich der Frage zuwenden, wie sich die steigende Qualität der Einrichtungen auf die Erwerbstätigkeit von Eltern sowie auf die Vereinbarkeit von Familie und Beruf auswirkt. Abschließend zeigt sich, dass die Forderungen aus der Professionsdebatte heraus größtenteils umgesetzt werden. Hervorzuheben ist dabei, dass mehr getan werden muss, als eine bloße Akademisierung der Ausbildung vorzunehmen, um den facettenreichen Forderungen nachzukommen. So muss das komplexe System von Aus- und Weiterbildung, der Disziplin, den Institutionen und der Politik als Gesamtkonzept verstanden werden. Eine Professionalisierung kann sich dabei nur vollziehen, wenn umfassende Veränderungsmaßnahmen auf allen Ebenen stattfinden.

Literaturverzeichnis

BALLUSECK , H. v. (2008): Frühpädagogik als Beruf und Profession. In: BALLUSECK, H. v. (Hrsg.): Professionalisierung der Frühpädagogik. Perspektiven. Entwicklungen. Herausforderungen. Opladen / Farmington Hills: Barbara Budrich, S. 15-36

BECKER-TEXTOR, I. (1999): Überlegungen zu einer neuen Fachlichkeit. Ansätze zu Veränderungen in der Erzieherinnenausbildung. In: THIERSCH,R./HÖLTERSHINKEN, D. / NEUMANN, K. (Hrsg.): Die Ausbildung der Erzieherinnen. Entwicklungstendenzen und Reformansätze. Weinheim/München: Juventa, S. 156-162

BETZ, T. / CLOOS, P. (2014): Kindheit und Profession. Die Kindheitspädagogik als neues Professions- und Forschungsfeld. In: BETZ, T. / CLOOS, P. (Hrsg): Kindheit und Profession. Konturen und Befunde eines Forschungsfeldes. Weinheim/Basel: Beltz Juventa, S. 9-22

BOMMES, M. / SCHERR, A. (2012): Soziologie der Sozialen Arbeit. Eine Einführung in Form und Funktion organisierter Hilfe. Weinheim/Basel: Beltz Juventa, 2., vollständig überarbeitete Aufl.

CLOOS, P. (2014): Konturen einer kindheitspädagogischen Professionsforschung. In: BETZ, T. / CLOOS, P. (Hrsg): Kindheit und Profession. Konturen und Befunde eines Forschungsfeldes. Weinheim/Basel: Beltz Juventa, S. 100- 115

DERSCHAU, D. v. / THIERSCH, R. (1999): Überblick über die Ausbildungssituation im Bereich der Tagesbetreuung von Kindern. In: THIERSCH, R. / HÖLTERSHINKEN, D. / NEUMANN, K. (Hrsg.): Die Ausbildung der Erzieherinnen. Entwicklungstendenzen und Reformansätze. Weinheim/München: Juventa, S. 13-30

DILLER, A. / RAUSCHENBACH, T. (2006): Reform oder Ende einer Ausbildung – eine einleitende Skizze. In: DILLER, A. / RAUSCHENBACH, T. (Hrsg.): Reform oder Ende der Erzieherinnenausbildung? Beiträge zu einer kontroversen Fachdebatte. München: DJI Verlag, S. 7-12

EßER, F. (2014): Kindertagesbetreuung im Kontext sozialpädagogischer Professionalität. In: BETZ, T. / CLOOS, P. (Hrsg): Kindheit und Profession. Konturen und Befunde eines Forschungsfeldes. Weinheim/Basel: Beltz Juventa, S. 36-48

FAAS, S. (2014): Wissen und Können einer kindheitspädagogischen Profession. In: BETZ, T. / CLOOS, P. (Hrsg): Kindheit und Profession. Konturen und Befunde eines Forschungsfeldes. Weinheim/Basel: Beltz Juventa, S. 176-190

HADERLEIN, R. (2008): Statt eines Schlussworts: Was kann Frühpädagogik leisten und was braucht sie dazu? In: BALLUSECK , H. v. (Hrsg.): Professionalisierung der Frühpädagogik. Perspektiven, Entwicklungen, Herausforderungen. Opladen / Farmigton Hills: Barbara Budrich, S. 309-318

HAMBUERGER, F. (2008): Einführung in die Sozialpädagogik. Grundriss der Pädagogik / Erziehungswissenschaft. Bd. 17. Stuttgart: Kohlhammer. 2., überarbeitete Aufl.

KARSTEN, M.-E. (2006): Wege in die Zukunft – Anforderungen an ein modernes Ausbildungskonzept. In: DILLER, A. / RAUSCHENBACH, T. (Hrsg.): Reform oder Ende der Erzieherinnenausbildung? Beiträge zu einer kontroversen Fachdebatte. München: Deutsches Jugendinstitut (DJI), S. 113-148

KARSTEN, M.-E. (2005): Erziehung, Bildung und Betreuung in Kindertagesstätten – weiterhin ein mehrdimensionales Projekt der Professionalisierung und Investition in die Zukunft. In: ESCH, K. / MEZGER, E. / STÖBE-BLOSSEY, S. (Hrsg.): Kinderbetreuung – Dienstleistung für Kinder. Handlungsfelder und Perspektiven. München: VS Verlag für Sozialwissenschaften, 1., Aufl. S. 113- 134

KÖSLER, E. / STEINEBACH, C. (2006): Erziehen und Leiten als Profession: ein Beitrag zur Akademisierung. In: DILLER, A. / RAUSCHENBACH, T. (Hrsg.): Reform oder Ende der Erzieherinnenausbildung? Beiträge zu einer Kontroversen Fachdebatte. München: Deutsches Jugendinstitut (DJI), S.181-196

LEU, H. R. / KALICKI, B. (2014): Zur Professionalisierung und Kompetenzorientierung in der Weiterbildung frühpädagogischer Fachkräfte. In: BETZ, T. / CLOOS, P. (Hrsg.): Kindheit und Profession. Konturen und Befunde eines Forschungsfeldes. Weinheim/Basel: Beltz Juventa, S. 191-205

MIERENDORFF, J. (2014): Childhood Studies. Anregungen für die kindheitspädagogische Professionsforschung. In: BETZ, T. / CLOOS, P. (Hrsg): Kindheit und Profession. Konturen und Befunde eines Forschungsfeldes. Weinheim/Basel: Beltz Juventa, S. 24-35

MISCHO, C. / FRÖHLICH-GILDHOFF, K. (2011): Professionalisierung und Professionsentwicklung im Bereich der frühen Bildung. In: Frühe Bildung, Heft 4

MÜLLER-NEUENDORF, M. (2006): Ist die Ausbildung der Erzieher und Erzieherinnen an Fachschulen noch zukunftsfähig? In: DILLER, A. / RAUSCHENBACH, T. (Hrsg.): Reform oder Ende der Erzieherinnenausbildung. Beiträge zu einer kontroversen Fachdebatte. München: Deutsches Jugendinstitut (DJI), S. 167-180

NENTWIG-GESEMANN, I. (2008): Rekonstruktive Forschung in der Frühpädagogik. In: BALLUSECK, H. v. (Hrsg.): Professionalisierung der Frühpädagogik. Perspektiven. Entwicklungen. Herausforderungen. Opladen / Farmington Hills: Barbara Budrich, S. 251-265

OBERHUEMER, P. / ULRICH, M. / SOLTENDIECK, M. (1999): Die deutsche Erzieherinnenausbildung im europäischen Vergleich. Ergebnisse einer Studie in 15 EU-Ländern. In: THIERSCH, R. / HÖLTERSHINKEN, D. / NEUMANN, K. (Hrsg.): Die Ausbildung der Erzieherinnen. Entwicklungstendenzen und Reformansätze. Weinheim/München: Juventa, S. 64-76

PASTERNACK, P. (2008): Die Akademisierung der Frühpädagogik. Dynamik an Hochschulen und Chancen für Fachschulen. In: BALLUSECK, H. v. (Hrsg.): Professionalisierung der Frühpädagogik. Perspektiven. Entwicklungen. Herausforderungen. Opladen / Farmington Hills: Barbara Budrich, S. 37-50

POLLERT, J. (2010): Zur Professionalisierung der Erzieherinnen an Fachschulen für Sozialpädagogik. Masterarbeit. München: Grin Verlag für akademische Texte

RABE-KLEBERG, U. (2008): Zum Verhältnis von Wissenschaft und Profession in der Frühpädagogik. In: BALLUSECK, H. v. (Hrsg.): Professionalisierung der Frühpädagogik. Perspektiven. Entwicklungen. Herausforderungen. Opladen / Farmington Hills: Barbara Budrich, S. 237-250

RABE-KLEBERG, U. (2006): Öffentliche Kindererziehung: Kinderkrippe, Kindergarten, Hort. In: KRÜGER, H. H. / RAUSCHENBACH, T. (Hrsg.): Einführung in die Arbeitsfelder des Bildungs- und Sozialwesens. Bd. 4. Opladen / Farmington Hills: Barbara Budrich, S. 93-110. 4., durchgesehene und aktualisierte Aufl. von „Einführung in die Arbeitsfelder der Erziehungswissenschaft"

RAUSCHENBACH, T. (2006a): Ende oder Wende? Pädagogisch-soziale Ausbildung im Umbruch. In: DILLER, A. / RAUSCHENBACH, T. (Hrsg.): Reform oder Ende der Erzieherinnenausbildung? Beiträge zu einer kontroversen Fachdebatte. München: Deutsches Jugendinstitut (DJI), S. 13-34

RAUSCHENBACH, T. (2006b): Pädagogische Aus-, Fort-, und Weiterbildung: Fachschule, Fachhochschule und Universität. In: KRÜGER, H. H. / RAUSCHENBACH, T. (Hrsg.): Einführung in die Arbeitsfelder des Bildungs- und Sozialwesens. Bd. 4. Opladen /Farmington Hills: Budrich, S. 299-316. 4., durchgesehene und aktualisierte Aufl. von „Einführung in die Arbeitsfelder der Erziehungswissenschaft"

REYER, J. (2006): Einführung in die Geschichte des Kindergartens und der Grundschule. Bad Heilbrunn: Julius Klinkhardt

ROßBACH, H. G. / SECHTIG, J. / SCHMIDT, T. (2012): Pädagogik der Frühen Kindheit und Kindertageseinrichtungen. In: THOLE, W. (Hrsg.): Grundriss Soziale Arbeit. Ein einführendes Handbuch. Wiesbaden: VS Verlag für Sozialwissenschaften, S. 461-468. 4., Aulf.

SCHLATTMANN, M. / TIETZE, W. (2008): Früherziehung, Kindergarten und Kindertagesbetreuung. In: CHASSÉ, K. A. / WENSIERSKI, H.-J. (Hrsg.): Praxisfelder der Sozialen Arbeit. Eine Einführung. Weinheim/München: Juventa, S. 19-33. 4., aktualisierte Aufl.

SCHULTHEIS, K. (2011): Erziehen als Beruf. In: MERTENS, G. et. al.: Allgemeine Erziehungswissenschaft. Handbuch der Erziehungswissenschaft. Bd. 2. Paderborn/München/Wien/Zürich: UTB, S. 363-384

SCHELLE, R. (2011): Die Bedeutung der Fachkraft im frühkindlichen Bildungsprozess. Didaktik im Elementarbereich. München: Deutsches Jugendinstitut (DJI)

SPIEGEL, H. v. (2008): Methodisches Handeln in der Sozialen Arbeit. München/Basel: Ernst Reinhardt, 3., durchgesehene Aufl.

STAMM, M. (2014): Theoretische und empirische Konturen der internationalen kindheitspädagogischen Professionsforschung. In: BETZ, T. / CLOOS, P. (Hrsg): Kindheit und Profession. Konturen und Befunde eines Forschungsfeldes. Weinheim/Basel: Beltz Juventa, S. 116-129

STAMM, M. (2010): Frühkindliche Bildung, Betreuung und Erziehung. Bern/Stuttgart/Wien: Haupt

TENORTH, H. E. (2008): Geschichte der Erziehung. Einführung in die Grundzüge ihrer neuzeitlichen Entwicklung. Weinheim/München: Juventa, 4., erweiterte Aufl.

TEXTOR, M.R. (2005): Allgemeine Förderung und spezielle Dienstleistungen: Anforderungen an die Institutionen. In: ESCH, K. / MEZGER, E. / STÖBE-BLOSSEY, S. (Hrsg.): Kinderbetreuung – Dienstleistung für Kinder. Handlungsfelder und Perspektiven. Wiesbaden: VS Verlag für Sozialwissenschaften, S. 209-218

THOLE, W. / CLOOS, P. (2006): Akademisierung des Personals für das Handlungsfeld Pädagogik der Kindheit. In: DILLER, A. / RAUSCHENBACH, T. (Hrsg.): Reform oder Ende der Erzieherinnenausbildung? Beiträge zu einer kontroversen Fachdebatte. München: Deutsches Jugendinstitut (DJI) Verlag, S. 47-78

WELTZIEN, D. (2014): Der forschende Habitus in der Kindheitspädagogik. Aktuelle Diskurslinien im Kontext von Kompetenzforschung und Kompetenzentwicklung. In: BETZ, T. / CLOOS, P. (Hrsg.): Kindheit und Profession. Konturen und Befunde eines Forschungsfeldes. Weinheim/Basel: Beltz Juventa, S. 206-220

WILDGRUBER, A. / BECKER-STOLL, F. (2011): Die Entdeckung der Bildung in der Pädagogik der frühen Kindheit – Professionalisierungsstrategien und -konsequenzen. In: HELSPER, W. / TIPPELT, R.: Pädagogische Professionalität. Zeitschrift für Pädagogik. 57. Beiheft

Studienverzeichnis

BEHER, K. / WALTER, M. (2012): Qualifikation und Weiterbildung frühpädagogischer Fachkräfte. Bundesweite Befragung von Einrichtungsleitungen und Fachkräften in Kindertageseinrichtungen: Zehn Fragen – Zehn Antworten. München: Deutsches Jugendinstitut e. V. (DJI) Weiterbildungsinitiative Frühpädagogische Fachkräfte (WiFF)

KIRSTIEN, N. / FRÖHLICH-GILDHOFF, K. / HADERLEIN, R. (2012): Von der Hochschule an die Kita. Berufliche Erfahrungen von Absolventinnen und Absolventen kindheitspädagogischer Bachelorstudiengänge. München: Deutsches Jugendinstitut e. V. (DJI)

RUDOLPH, B. (2012): Das Berufsbild der Erzieherinnen und Erzieher im Wandel – Zukunftsperspektiven zur Ausbildung aus Sicht der Fachschulleitungen. München: Deutsches Jugendinstitut (DJI)

WELTZIEN, D. (2010): Berufsbegleitende Studiengänge. Pädagogik der frühen Kindheit / Bildung und Erziehung im Kindesalter. Ergebnisse einer aktuellen Bedarfserhebung in Baden-Württemberg. Freiburg: Zentrum für Kinder- und Jugendforschung (ZfKJ)

VEREINIGUNG DER BAYRISCHEN WIRTSCHAFT E.V. (Hrsg.) (2012a): Professionalisierung in der Frühpädagogik. Qualifikationsniveau und -bedingungen des Personals in der Kindertagesstätte. Gutachten. Münster: Waxmann Verlag

VEREINIGUNG DER BAYRISCHEN WIRTSCHAFT E. V. (Hrsg.) (2012b): Modelle professioneller Kompetenzen für frühpädagogische Fachkräfte. Aktueller Stand und ihr Bezug zur Professionalisierung. Expertise zum Gutachten „Professionalisierung in der Frühpädagogik". Münster: Waxmann Verlag

Onlinequellen

BUNDESARBEITSGEMEINSCHAFT BILDUNG UND ERZIEHUNG IN DER KINDHEIT (BAG-BEK) (2009): Qualifikationsrahmen für BA-Studiengänge der „Kindheitspädagogik" / „Bildung und Erziehung in der Kindheit". Köln

http://www.ku.de/fileadmin/18/Praxis/BAG-BEK-BA-QR-final030110.pdf (Abgerufen am: 11.12.2015)

BUNDESMINISTERIUM FÜR FAMILIE, SENIOREN, FRAUEN, UND JUGEND (2003): Perspektiven zur Weiterentwicklung des Systems der Tageseinrichtungen für Kinder in Deutschland. Zusammenfassung und Empfehlungen. Berlin

http://www.bmfsfj.de/RedaktionBMFSFJ/Internetredaktion/Pdf-Anlagen/gutachten-perspektiven-zur-weiterentwicklung,property=pdf.pdf (Abgerufen am: 11.12.2015)

DIÖZESAN-CARITASVERBAND FÜR DAS ERZBISTUM KÖLN E. V. (2004): Kompakt das Magazin.

http://www.katholische-kindergaerten.de/pdf/kompakt/2004_2.pdf (Abgerufen am: 11.12.2015)

EBERT, S. (2011): Professionalisierung als Selbstbildungsprozess. o. O.

http://www.kita-fachtexte.de/texte-finden/detail/data/professionalisierung-als-selbstbildungsprozess/ (Abgerufen am: 11.12.2015)

JUGENDMINISTERKONFERENZ UND KULTUSMINISTERKONFERENZ (2004): Gemeinsamer Rahmen der Länder für die frühe Bildung in Kindertageseinrichtungen.

http://www.kmk.org/fileadmin/veroeffentlichungen_beschluesse/2004/200 4_06 03-Fruehe-Bildung-Kindertageseinrichtungen.pdf (Abgerufen am: 11.12.2015)

OECD (2006): Starting Strong II: Early Childhood Education and Care. Summary in German. Paris: OECD. Übersetzung durch den Deutschen Übersetzungsdienst der OECD

http://www.oecd.org/edu/school/37519496.pdf (Abgerufen am: 11.12.2015)